LES ÂGES DU MONDE

BIBLIOTHÈQUE DES TEXTES PHILOSOPHIQUES

Fondateur : Henri GOUHIER Directeur : Jean-François COURTINE

F.W.J. SCHELLING

LES ÂGES DU MONDE

Introduit, traduit et annoté par

Patrick CERUTTI

PARIS

LIBRAIRIE PHILOSOPHIQUE J. VRIN

6, Place de la Sorbonne, V[e]

2012

Die Weltalter,
Friedrich Wilhelm Joseph von Schellings sämmtliche Werke,
K.F.A. Schelling (hrsg), Bd. VIII.
© Stuttgart/Augsburg, Cotta, 1856-1861

Imprimé en France

ISSN 0249-7972

ISBN 978-2-7116-2458-4

www.vrin.fr

PRÉSENTATION

« *Den Kometen das erste Mal gesehen*, ai vu la comète pour la première fois »[1]. Schelling note dans son *Tagebuch*, à la date du 4 septembre, avoir aperçu la grande comète de 1811, quelques jours en fait avant son passage au périhélie. Jusqu'à celle dite de Hale-Bopp, cette comète fut la plus lumineuse et la plus longuement observable de l'ère moderne, mais elle eut surtout la particularité de laisser deviner derrière elle une double queue s'élançant dans la direction opposée au soleil.

L'astronome Johann Schröter, auquel Schelling se réfère dans la version de 1815 des *Ages du monde* dont nous donnons ici une traduction, attribuait l'apparition de cette queue double à une lutte qui s'établissait autour du noyau entre la force attractive que celui-ci exerce sur la matière subtile qui compose son atmosphère et la force répulsive de la lumière solaire, qui tend à rejeter cette matière en arrière du noyau, à la manière des corps électrisés[2].

1. *Philosophische Entwürfe und Tagebücher*, H.J. Sandkühler, M. Schraven (hrsg), Hamburg, Meiner, 1994, Bd. 1, 1809-1813, p. 65; 2002, Bd. 2, 1814-1816, p. 3-4.

2. J.H. Schröter, *Beobachtungen und Bemerkungen über den grossen Cometen von 1811*, Göttingen, Vandenhoek und Ruprecht, 1815, p. XXI et 294.

Il n'en faut alors pas plus à Schelling pour conclure que, dans son rapprochement du soleil, la comète se trouvait dans un état d'alternance d'expansions et de contractions. Non seulement les trajets déviés des comètes sont si excentriques qu'on peut les assimiler à une systole et à une diastole, mais ces astres présentent, par leurs rapprochements et leurs éloignements du soleil, des modifications si profondes qu'elles ne se laissent expliquer que comme des alternances de dilatation et de contraction[1]. Schelling voyait alors dans ces corps célestes non réconciliés avec le tout des témoins vivants du temps primitif, des vestiges d'une création non libre et pour ainsi dire chaotique, celle-là même que décrivent les premiers mots de la Genèse. Il le dira encore vingt ans plus tard : « l'expérience de voir une comète exercera toujours une action particulière sur le cœur humain; c'est comme si l'apparition d'un tel astre menaçait la terre elle-même d'un retour à la désolation et au vide originaires »[2].

C'est précisément ce passé archaïque que Schelling entreprend de décrire dans le premier livre des *Ages du monde*, le seul qu'il ait, à vrai dire, véritablement développé. Des deux autres parties de la grande fresque cosmique et théologique que le philosophe avait en projet, il ne reste que quelques fragments traduisant une ambition peu commune, celle de ramener le système des temps tout entier à un seul mouvement, à une seule vie, à un seul événement, ce mouvement devant

1. *Die Weltalter, Friedrich Wilhelm Joseph von Schellings sämmtliche Werke*, KFA. Schelling (hrsg), Stuttgart/Augsburg, Cotta, Bd. I-XIV, 1856-61 [dorénavant abrégé en SW], Bd. VIII, 329.

2. *Grundlegung der positiven Philosophie. Münchener Vorlesung 1832-1833*, H. Fuhrmans (hrsg), Torino, Bottega d'Erasmo, 1972, p. 365.

être suffisamment large pour qu'en lui, le monde actuel n'apparaisse plus que comme un simple moment déterminé [1].

Or le jeu des forces expansive et contractive, caractéristique du temps primordial, se découvre aussi bien dans ces êtres archaïques que sont les astres que dans l'ensemble du monde physique et spirituel. Au prix d'une simple inversion, il rend compte avec une égale précision de ce qui se trouve au fond de la nature et au fond du monde des esprits : « ce qui dans la nature est contraction est expansion dans le monde des esprits, et inversement. Ici encore, sous l'effet d'une continuelle attraction, le principe de la séité dans les esprits qui se détachent en tourbillons du conflit des forces enflammées serait à ce point intensifié que ces esprits finiraient par faire équilibre à la puissance attractive ; ici encore, le processus consisterait en un mouvement alternant de systoles et de diastoles, car la force de cohésion n'est plus capable de venir à bout des forces de l'être une fois celles-ci réveillées et elle se trouve alternativement vaincue et victorieuse. Pour ce qui concerne le monde des esprits, ce temps est celui de la première création, encore chaotique et demeurant toujours au commencement, des esprits primitifs, lesquels sont en lui ce que les astres sont dans la nature » [2]. En toute créature comme en Dieu, en tout être naturel ou spirituel, ces deux principes, celui qui fait de chaque chose un être qui se donne et celui qui la fait rentrer en soi et être soi, constituent le fondement nécessaire de la vie.

Le temps originel tel qu'il est dépeint ici est donc celui où règne la force la plus ancienne de toutes. C'est le temps de la plus grande densité, un temps d'absolue réclusion, où domine

1. *Philosophische Entwürfe und Tagebücher*, Bd. 2, 1814-1816, p. 4.
2. SW VIII, 334.

la force qui retient et contrarie le mouvement. Il correspond à ce moment de contraction première qui préside à l'existence de toute chose et qui conduit la spéculation à reconnaître dans l'obscurité insondable de l'être une limite infranchissable: « c'est à peine si dans les paroles divines révélées resplendissent quelques éclairs qui déchirent ces antiques ténèbres »[1]. Ce moment de la plus grande intériorité, qui ne donne rien à voir d'extérieur à l'intuition, qui est le fondement de la vie divine et de toute vie en général, est le moment d'enveloppement préalable que suppose tout développement, cette « dure écorce » à partir de laquelle le fruit viendra à s'épanouir.

Ce premier moment ne définit cependant que ce qu'il y a de nécessaire en Dieu et dans les choses, non ce qui est libre en eux. L'échec des *Ages du monde*, que viendrait sceller l'inachèvement du livre, paraît alors tout relatif puisque Schelling est désormais à même d'identifier le problème qu'il ne cessera plus de creuser, celui de la nature du nécessaire. La dimension de nécessité qui s'attache au processus archaïque est d'ailleurs présentée ici comme la condition de tout déploiement libre : du fait du procès intemporel qui lui a permis de donner forme à son être, Dieu n'aura pas par la suite à entrer dans le temps pour s'y réaliser.

Ce temps immémorial se trouve cependant dépassé aussitôt que posé. Quand apparaît la deuxième personne, issue du foyer de contraction du Père éternel, le système panthéiste du temps primitif est refoulé et posé comme passé. Pour que se brise le cercle dans lequel il se trouve pris, le Père doit se

1. *Die Weltalter. Fragmente. In den Urfassungen von 1811 und 1813, FWJ. Schelling sämtliche Werke*, M. Schröter (hrsg), München, Beck, 1917 (1993), *Nachlassband*, p. 10; *Les Ages du monde*, trad. P. David, Paris, P.U.F., 1992, p. 21 (traduction modifiée).

retirer dans un passé absolu et, en supprimant la simultanéité primordiale, laisser être le temps. La consécution qui en résulte prend alors la forme d'un rapport de puissances qui ramène le double mouvement d'expansion et de contraction à un acte unique de subject-objectivation. A=A renvoie à un état d'indifférence déjà passé, éternellement enfoui ; A=B caractérise le principe contractant et par extension le procès tout entier par lequel l'essence vient à apparaître ; A^2 désigne l'unité magique qui scelle ce procès ; A^3 son accomplissement conçu comme abolition et récapitulation, *Erinnerung*. « Tout engendrement est donc achevé en trois puissances et en passant par ces trois étapes la force d'engendrement parvient jusqu'à l'esprit »[1].

La version de 1815 indique très explicitement que le moment central de cette dialectique est le deuxième, celui où l'éternel est engendré, puisque seul A^2 existe en soi et est éternel en vertu de sa propre nature[2]. Mais c'est un fragment du *Tagebuch* qui permet de mieux comprendre pourquoi cette mise en avant de la deuxième puissance est décisive pour l'organisation d'ensemble du livre telle que Schelling l'envisage : « j'ai intitulé ce livre *Ages du monde*. Ou encore système des parties ou des époques de la révélation divine (...). Pourquoi ? Que cherche la philosophie depuis toujours ? La science, c'est-à-dire l'histoire. *Cf.* Col. II, 3 »[3]. Si l'on se souvient que ce passage de l'épître aux Colossiens pose que, dans le Christ, sont cachés tous les trésors de la sagesse et de la connaissance, on mesure l'importance qu'aurait dû avoir le livre du présent et l'on comprend que c'est à partir de la

1. *Ibid.*, p. 144 (trad. P. David, p. 170).
2. SW VIII, 249.
3. *Philosophische Entwürfe und Tagebücher*, Bd. 1, 1809-1813, p. 144.

réévaluation de la deuxième puissance et d'une nouvelle ontologie de la présence que l'histoire peut être définie comme la science par excellence, la science proprement dite.

Or si la tâche suprême de la science est bien de « construire une contradiction »[1] et de faire apparaître l'alternance de contractions et d'expansions comme la source jaillissante de toute vie, elle doit également faire ressortir ce qui se tient au-dessus de toute contradiction comme de toute succession des temps pour autant qu'il en est le sujet. Autrement dit elle doit faire porter l'accent sur le *Ich* dans le fameux « Ich *bin der, der da war* (*Vater*), *der da ist* (*Sohn*) *und der da kommt* (*Geist*) »[2]. La vraie personne n'est d'aucun temps, car elle est le soi inaltérable en tous les temps. Alors que les interprètes mettent habituellement en avant la présence en Dieu d'un mouvement incoercible, il convient plutôt d'insister sur ce qui en lui demeure permanent. Schelling n'écrit-il pas que, dans son éternité, Dieu « se reconnaît non seulement comme celui qui était, est et sera, mais aussi comme celui qui était, est et sera *le même* (*Derselbe*) »[3] ?

On le voit à la lecture de cette dernière version des *Weltalter*, bien plus logique et moins imagée que ne le sont les brouillons de 1811 et 1813 : les *Ages du monde* sont pour Schelling l'œuvre de la maturité, celle où il apparaît en pleine possession de ses moyens et parvient à la plus grande autonomie philosophique. C'est manifestement durant la longue réclusion silencieuse qui préside à leur rédaction que

1. SW VIII, 321.

2. *Philosophische Entwürfe und Tagebücher*, Bd. 1, 1809-1813, p. 167. C'est Schelling qui souligne le *Ich*.

3. SW VIII, 264.

notre penseur prend le plus clairement conscience de l'échec de la philosophie postkantienne et comprend que désormais il n'est plus question pour lui de compléter la philosophie critique ou de l'amender de quelque manière que ce soit, mais de reprendre à la base le problème dont celle-ci était partie, à savoir cette hétérogénéité radicale de l'être et du penser dont l'« idéalisme allemand » (expression qui, à notre connaissance, n'apparaît qu'une fois dans les *Sämmtliche Werke*[1]) n'a pas su prendre la mesure, ainsi que l'avait indiqué Jacobi en son temps.

Or l'auteur des *Choses divines et leur révélation* se trouve être ici l'interlocuteur principal de Schelling et le texte discute constamment avec lui (mais également avec le Fichte critiqué en son temps dans la *Darlegung*). On peut en effet voir dans les *Ages du monde* un nouvel essai pour défendre cette philosophie de la nature à laquelle Schelling a attaché son nom et dont il avait très vigoureusement défendu l'idée en 1812, dans un pamphlet rageur. La *Naturphilosophie* n'avait en fait besoin que de quelques réaménagements pour devenir le support d'une nouvelle vision de la vie divine. Il suffisait par exemple de mettre en avant ceux de ses thèmes qui tendent à faire de la nature un abîme de passé[2], un immémorial, un *Unvordenkliches*, selon le terme fondamental de la philosophie tardive de notre auteur, dont nous trouvons ici la première occurrence[3]. Les premières pages que nous traduisons devraient donc se lire comme une variation

1. SW VIII, 342.
2. SW VIII, 243.
3. SW VIII, 197.

autour de l'identité *Natur* = *Geburt* que Schelling posera explicitement quelques années plus tard[1].

Ainsi, au vu de la richesse des thèmes développés dans cette dernière esquisse des *Weltalter*, nous avons pensé qu'une nouvelle traduction s'imposait, celle qu'a donnée Samuel Jankélévitch en 1949 étant absolument inutilisable[2]. Pour ce faire, nous avons repris des éléments de traduction proposés par les grands interprètes français de Schelling. Nous remercions tout particulièrement le professeur Pascal David de nous avoir autorisé à aligner nos choix de traduction sur les siens et à reprendre des passages entiers de ses traductions des brouillons des *Weltalter*, Schelling réemployant à plusieurs reprises, comme nous l'indiquons dans nos notes (qui signalent ainsi l'intégralité des parallèles avec les brouillons), des matériaux déjà élaborés dans les versions antérieures de son texte (et au premier chef la célèbre introduction reproduite à l'identique depuis 1811 et dont nous avons repris, à peu de détails près, la traduction existante). Si la présente traduction a quelque qualité que ce soit, elle le doit à ce qu'elle reprend du professeur David.

1. *Grundlegung der positiven Philosophie*, *op. cit.*, p. 365.

2. Un inventaire des innombrables erreurs, une par phrase, qui encombrent l'édition Aubier serait trop long à établir. Un échantillon cependant : confusions entre A et A^3 (SW VIII, 276 (p. 105)), entre A^2 et A^3 (SW VIII, 249 (p. 72)), entre "forces" et "corps" (SW VIII, 342 (p. 186)), entre *Zwei* et *Zweck* (SW VIII, 219 (p. 34)), entre "témoigner" et "engendrer" (*zeugen* : SW VIII, 269 (p. 97)) ; suppression de phrases entières (par exemple SW VIII, 218 (p. 32), 224 (p. 41), 243 (p. 65), 271 (p. 99), 283 (p. 113), 334 (p. 177)), de paragraphes entiers (SW VIII, 245 (p. 67)) ; l'Ange de la face devient l'Ange de la vision (SW VIII, 274 (p. 102)) ; « la loi de contradiction se révèle inapplicable » au lieu de « trouve enfin son application » (SW VIII, 218 (p. 32)), « le non-vivant » pour « le vivant originel » (SW VIII, 212 (p. 25)), et surtout en SW VIII, 224 (p. 41) l'expression peu schellingienne de « négation de la négation ».

Plus que tout autre ouvrage, les *Ages du monde* requièrent un travail renouvelé de traduction, qu'il s'agira peut-être d'approfondir encore, puisque Schelling, soucieux de produire « l'œuvre la plus universelle selon le contenu et la plus compréhensible dans son exposition », s'est ici constamment attaché à travailler sur la langue, essentiellement pour se rendre clair[1]. Le *Tagebuch* témoigne encore du souci que le philosophe a eu de se rendre accessible à son lecteur : « je ne doute pas qu'ils seront nombreux ceux qui reprocheront au titre de cette œuvre d'être indéterminé et qui seront mécontents du commencement du livre. Pourtant ne renonce pas. Crois seulement que cela n'a pas été possible. Alors patience – laisse-les lire ce travail avec un esprit non prévenu, sans intention préconçue, comme l'œuvre d'un auteur inconnu, qu'ils n'aiment ni ne détestent. Qu'ils abordent les mots connus avec l'entendement ordinaire et pas dans le sens détourné que leur a donné une certaine école, car c'est là quelque chose de périssable. La langue est éternelle. Je n'écris pas pour l'école mais pour le peuple. Les expressions techniques dont je vais me servir, je les utilise dans le sens que je leur donne. Rien de tout l'apparat scientifique (trouver le plan dialectique à la fin). La très haute valeur du populaire. Quelque chose que l'on doit à ce temps-ci. Ce qui est détourné n'est pas clair et n'est pas nécessaire à notre temps. Mener aussi le lecteur au point où chacun (ou la plupart) peut se tenir »[2].

A partir de là, nous ne pouvons que remercier l'éditeur d'avoir bien voulu faire paraître en format de poche ce « livre pour le peuple ».

1. *Schelling und Cotta. Briefwechsel*, H. Fuhrmans (hrsg), Stuttgart, Klett-Cotta, 1965, p. 52.

2. *Philosophische Entwürfe und Tagebücher*, Bd. 1, 1809-1813, p. 153.

F.W.J. SCHELLING

LES ÂGES DU MONDE

CONTENU DU PRÉSENT OUVRAGE

1. Première occurrence du terme *unvordenklich* dans les *Sämmtliche Werke*. Ce terme sera le sésame de toute la *Spätphilosophie*. [Toutes les notes appelées par un chiffre sont des notes du traducteur.]

Ce qui est passé est su, ce qui est présent est connu, ce qui est à venir est pressenti.

Ce qui est su est raconté, ce qui est connu est exposé, ce qui est pressenti est prophétisé.

La représentation de la science qui valait jusqu'à ce jour consistait à voir en elle une simple suite, un simple développement de concepts et de pensées qui lui seraient propres. La vraie représentation est qu'elle est le développement d'un Être vivant et effectif, qui en elle s'expose.

C'est une supériorité de notre temps que d'avoir rendu l'Être à la science, et ce, il est bien permis de l'affirmer, de telle façon que cela ne puisse à nouveau lui être enlevé. Ce n'est pas juger trop sévèrement que de dire que, l'esprit dynamique une fois éveillé, toute philosophie qui ne tire pas de lui sa force ne peut plus être regardé que comme un pur et simple abus du noble don de parler et de penser.

Ce qu'il y a de vivant dans la science la plus haute ne peut être que le vivant originaire, l'Être que nul autre ne précède, par conséquent le plus ancien des Êtres.

Comme il n'y a rien avant lui ou en-dehors de lui qui puisse le déterminer, ce vivant originaire, dans la mesure où il se développe, ne peut se développer que librement, par sa propre impulsion et sa propre volonté, purement à partir de

lui-même[1] : pour cette raison précisément, il ne peut le faire sans loi, mais, bien au contraire, conformément à une loi. Il n'y a en lui nul arbitraire ; il est une nature au sens le plus éminent
200 du | mot, de même que l'homme, malgré la liberté, ou plutôt à cause d'elle, est une nature.

Après être parvenu à l'objectivité quant à son objet, la science se mit, comme cela paraît suivre naturellement, à la rechercher quant à la forme.

Pourquoi était-ce – ou est-ce encore – impossible ? Pourquoi ce qui est su par la science la plus haute ne peut-il se raconter avec la même rigueur et la même simplicité que tout le reste de ce qui est *su* ? Qu'est-ce donc qui l'empêche d'advenir, cet âge d'or pressenti, où la vérité redevient fable et la fable vérité ?

Il faut reconnaître à l'homme un principe extérieur et supérieur au monde ; autrement, serait-il capable, seul entre toutes les créatures, de refaire en sens inverse le long chemin des développements qui conduisent du présent jusque dans la plus profonde nuit du passé. Comment pourrait-il seul remonter jusqu'au commencement des temps, s'il n'y avait en lui un principe du commencement des temps ? Créée à la source des choses et semblable à elle, l'âme humaine possède une co-naissance de la création. En elle réside la plus haute clarté de toutes choses, et elle n'est point tant âme sachante qu'elle n'est elle-même la science.

Mais ce principe supramondain n'est pas libre en l'homme, il n'est pas non plus en lui dans sa limpidité originelle. Il s'y trouve lié à un autre principe, qui est moindre.

1. *Cf.* Spinoza, *Éthique*, Livre I « De Dieu », *Définition* 7 : « on dit qu'une chose est libre quand elle existe par la seule nécessité de sa nature et quand c'est par soi seule qu'elle est déterminée à agir ».

Cet autre principe est lui-même un principe devenu ; il est donc, par nature, non sachant et obscur ; il obscurcit nécessairement le principe supérieur auquel il est lié. En celui-ci repose la mémoire de toutes choses, de leurs rapports originaires, de leur devenir, de leur signification. Mais ce prototype des choses sommeille dans l'âme comme une image obscurcie et oubliée, sinon tout à fait éteinte. Peut-être ne s'éveillerait-il jamais à nouveau s'il n'y avait dans ce principe obscur lui-même le pressentiment et la nostalgie de la connaissance. Mais, sans cesse appelé par ce dernier à l'ennoblir, le principe supérieur remarque que l'inférieur ne lui est pas adjoint pour l'enchaîner, mais au contraire pour qu'il ait lui-même un autre dans lequel il puisse se contempler, s'exposer et devenir compréhensible à soi. | Car en lui tout est indifférencié, simul- **201**
tané, comme un, tandis qu'en l'autre, il peut différencier, exprimer, disjoindre ce qui en lui est un. [Il y a donc en l'homme quelque chose qui doit être ramené à la mémoire et quelque chose qui le ramène à la mémoire ; quelque chose en quoi se trouve la réponse à toute question amenée par la recherche et quelque chose qui puise en ce dernier la réponse ; celui-ci est affranchi de tout et il est en son pouvoir de tout penser, mais il est lié par l'être le plus intime et ne peut rien tenir pour vrai sans l'assentiment de ce témoin. L'être le plus intime, en revanche, et originellement lié et ne peut se déployer, mais par l'autre il se libère et s'ouvre à lui][1]. C'est pourquoi l'un et l'autre aspirent également à la séparation, celui-ci afin de retourner à sa liberté originaire et de se révéler

1. Ce passage entre crochets est repris de la version de 1813 et ne figure pas dans celle de 1811.

à soi*, celui-là afin de pouvoir être fécondé par lui et devenir lui aussi, encore que d'une tout autre manière, sachant.

Cette séparation, ce dédoublement de nous-mêmes, ce commerce secret entre deux êtres, l'un qui pose les questions et l'autre qui y répond, l'un qui ne sait pas mais cherche la science, et un autre qui sait mais ne sait pas son savoir, ce dialogue paisible, cet art intérieur de la conversation, tel est le véritable secret du philosophe, dont l'art extérieur, qui pour cette raison s'appelle dialectique, n'est que la réplique; là où celle-ci est réduite à la simple forme, il n'en est que l'apparence et l'ombre.

Ainsi, tout ce qui est su est par nature objet de récit, mais ce qui est su n'est pas ici quelque chose qui serait déjà là tout prêt depuis le début, mais ne surgit chaque fois que de l'intériorité par un procès qui lui est entièrement propre. C'est par une séparation et une libération intérieures que la lumière de la science doit apparaître avant de pouvoir resplendir. Ce que nous appelons science n'est d'abord qu'un effort vers la reprise de conscience, donc plutôt une aspiration à la science que la science elle-même; c'est sans conteste pour cette raison que ce grand homme de l'Antiquité lui a donné le nom de
202 philosophie. Car l'opinion que l'on nourrit de temps | en temps selon laquelle la philosophie pourrait enfin, grâce à la dialectique, se transformer en une science effective, témoigne d'une certaine étroitesse d'esprit: l'existence et la nécessité de la dialectique sont précisément la preuve que la philosophie n'est encore aucunement une science effective.

A cet égard, le philosophe se trouve en fin de compte dans la même situation que tout autre historien. Car l'historien doit

* Afin qu'il soit à nouveau transposé dans son savoir originaire et inné.

lui aussi, pour ce qu'il désire savoir, interroger les dires d'anciens documents ou la mémoire de témoins vivants et il a besoin d'un art consommé de la séparation ou de critique pour séparer le vrai du faux, le juste de l'erroné, dans les traditions conservées. De même, le philosophe a besoin d'exercer en lui-même cette séparation, dont relève ce que l'on a coutume de dire à son sujet : qu'il doit chercher à se libérer des concepts et des particularités de son temps, entre autres choses encore sur lesquelles il serait trop long de s'étendre ici.

Tout, absolument tout, même ce qui, par nature, est extérieur, doit nous être d'abord devenu intérieur, avant que nous soyons à même de l'exposer de façon extérieure ou objective. Si l'époque reculée dont l'historien veut nous faire voir l'image ne s'éveille pas elle-même en lui, il ne l'exposera jamais de façon claire, vraie et vivante. Que serait toute histoire si un sens interne ne lui venait en aide ? Elle serait ce qu'elle est chez beaucoup, qui savent bien l'essentiel de ce qui s'est passé, mais n'entendent absolument rien à l'histoire proprement dite. Les événements humains ne sont pas les seuls à avoir leurs monuments : l'histoire de la nature a elle aussi les siens et l'on peut bien dire que jamais elle ne dépasse un stade, tout au long de son chemin créateur, sans laisser derrière elle quelque marque de son passage. Pour la plupart, ces monuments de la nature sont sous nos yeux, ils ont été l'objet de maintes explorations, et sont même en partie déchiffrés ; et cependant ils ne nous parlent pas, mais restent morts, aussi longtemps que cette suite d'actions et de productions n'a pas été intériorisée par l'homme. Tout ce que l'homme n'a pas intériorisé, tout ce qui n'a pas été reconduit jusqu'au plus intime de son être, ce témoignage vivant de toute vérité, lui demeure donc insaisissable.

203 | Or certains ont prétendu qu'il était possible de laisser entièrement de côté cet élément subordonné* et de supprimer en nous toute dualité, de sorte que nous ne serions pour ainsi dire qu'intérieurs, vivant entièrement dans le supramondain et connaissant tout immédiatement[1]. Qui peut nier absolument la possibilité d'une telle transposition de l'homme dans son principe supramondain et, par conséquent, d'une élévation de toutes les forces de son cœur dans la contemplation ? Tout ce qui forme un tout physique et moral a besoin de temps à autre, pour se conserver, d'une réduction à son plus intime commencement. Toujours l'homme rajeunit et acquiert une âme nouvelle par le sentiment qu'il a de l'unité de son Être. C'est dans un tel sentiment qu'en particulier celui qui est en quête de science puise continuellement une force neuve ; le poète n'est pas seul à avoir des ravissements, le philosophe, lui aussi, a les siens. Il en a besoin afin que le sentiment de l'indescriptible réalité de ces représentations supérieures le préserve des concepts forcés d'une dialectique vide et dénuée d'enthousiasme. Ce qui ne revient pas pour autant à souhaiter la permanence de cet état contemplatif, ce qui irait à l'encontre de la nature et de ce qui détermine la vie présente. Peu importe en effet comment on envisage son rapport à la vie qui l'a précédée, on en revient toujours à la constatation suivante : ce qui, en celle-ci, était inséparablement uni se trouve déployé et en partie dissocié en cette vie. Nous ne vivons pas dans la contemplation ; notre savoir n'est pas d'un seul tenant, ce qui veut dire qu'il doit être engendré de manière fragmentaire par

* L'organe extérieur.

1. *Alles unmittelbar erkennend.* Ces trois mots constituent un ajout à la version de 1811 et indiquent bien que la cible de ce développement est Jacobi.

divisions et étapes, ce qui ne peut se faire sans la moindre réflexion.

C'est pourquoi le but ne peut être atteint dans la simple contemplation. Car dans la contemplation en et pour soi, l'entendement est absent. Dans le monde extérieur, chacun voit plus ou moins la même chose, mais tous ne sont pas capables de l'exprimer. Chaque chose parcourt certains moments pour parvenir à son accomplissement : toute une série de processus successifs où chaque terme intervient constamment dans celui qui le précède, le porte à sa maturité. Ce parcours, dans la plante par exemple, le paysan le voit aussi bien que le savant, sans pour autant le connaître à proprement parler,
| car il n'est pas capable d'en dissocier les moments, de les 204
séparer, de les considérer dans leur opposition réciproque. De la même façon, l'homme peut parcourir en lui-même et pour ainsi dire éprouver immédiatement cette suite de processus à la faveur desquels la plus haute simplicité de l'Être engendre finalement la diversité infinie, et même, pour parler précisément, c'est en lui-même qu'il lui en faut faire l'expérience. Mais tout ce qui est expérience, sentiment, contemplation est en et pour soi-même muet et requiert un organe médiateur pour trouver à s'exprimer. Que cet organe fasse défaut à celui qui contemple, ou que celui-ci le repousse délibérément loin de soi, pour ne parler qu'immédiatement ou à partir de la contemplation, et celui qui contemple perd la mesure qui lui est nécessaire : dès lors il ne fait qu'un avec l'objet et devient semblable aux yeux d'un tiers à l'objet lui-même ; c'est pourquoi il n'est pas maître de ses pensées, et perd toute assurance dans ses vains efforts pour exprimer malgré tout

l'inexprimable; il lui arrive bien de tomber juste[1], mais il n'en est pas certain, incapable qu'il est d'établir fermement face à lui et de contempler dans son entendement, comme en un miroir, ce sur quoi il tombe.

A aucun prix donc, il ne faut renoncer à ce principe relativement extérieur; car tout doit d'abord être porté à la réflexion effective, afin de pouvoir être exposé de la façon la plus haute. C'est ici que passe la limite entre théosophie et philosophie, que celui qui aime la science s'attachera à maintenir dans toute sa netteté. La théosophie l'emporte autant sur la philosophie par la profondeur, la plénitude et la vivacité du contenu que l'objet effectif sur son image, que la nature sur son exposition; la différence va même jusqu'à empêcher la comparaison si l'on prend pour terme de comparaison une philosophie morte qui cherche l'Être dans des formes et des concepts. D'où la prédilection qu'éprouvent pour la théosophie les âmes intérieures, qui s'explique tout aussi aisément que la prédilection pour la nature par opposition à l'art. Car les systèmes théosophiques ont, sur tous ceux qui ont eu cours jusqu'à ce jour, cet avantage de posséder au moins en eux une nature, même si celle-ci n'est pas maîtresse d'elle-même, alors qu'il n'y a dans les autres systèmes qu'absence de nature et pur artifice. Mais la plénitude et la profondeur de la vie sont aussi peu inaccessibles à une science bien comprise qu'à l'art bien
205 compris, la nature; | ce n'est que peu à peu que la science parvient à cette plénitude et à cette profondeur, indirectement et au terme d'une progression par étapes, de sorte que celui qui sait reste toujours distinct de son objet, ce dernier restant à son

1. *Was er trifft, das trifft er*: Pascal David indique dans les notes de sa traduction que *treffen* signifie souvent “tomber juste”, “tomber bien” et renvoie à SW X, 187 pour la même expression.

tour séparé de lui et devenant l'objet d'une contemplation équilibrée, jouissant calmement de ce qu'elle contemple.

Toute science doit donc passer par la dialectique. Mais n'y a-t-il pas un point où elle devient libre et vivante, comme l'est, pour l'historien, l'image d'une époque en face de laquelle il oublie ses recherches? Le souvenir de l'origine première des choses ne peut-il à nouveau devenir si vivant que la science, qui, pour ce qui est de la chose, et comme son nom l'indique, est histoire, le devienne même d'après sa forme extérieure; et que le philosophe, semblable au divin Platon, qui est dialectique dans toute la série de ses œuvres, mais devient historique à leur sommet et dans leur ultime point de transfiguration, puisse, lui aussi, revenir à la simplicité de l'histoire?

Il semble qu'il ait été réservé à notre époque d'ouvrir à jamais la voie qui mène à cette objectivité de la science. Tant que celle-ci reste bornée au domaine intérieur, idéal, le moyen naturel d'une exposition extérieure lui fait défaut. C'est maintenant qu'après bien des égarements, s'est ravivé pour la science le souvenir de la nature et de son ancienne unité avec elle. Mais on ne s'en tint pas là. A peine eût-on fait les premiers pas pour réunir la philosophie avec la nature que l'on dut reconnaître la haute antiquité du physique, et admettre que, loin d'être le dernier, celui-ci est bien plutôt le premier, que c'est par lui que commence tout développement, y compris le développement de la vie divine*. Depuis lors, la science ne commence plus dans l'éloignement des pensées abstraites pour descendre ensuite de ces pensées vers le naturel; commençant à l'inverse par l'existence inconsciente de l'éternel, elle l'élève à la plus haute transfiguration dans

*Et que, même s'il est le dernier en dignité, il est le premier en tout développement.

une conscience divine. Les pensées les plus suprasensibles reçoivent désormais une force et une vie physiques, et inversement, la nature devient de plus en plus l'empreinte visible
206 des concepts suprêmes. | Le temps n'est pas loin où l'on verra disparaître le mépris avec lequel les ignorants, et eux seuls du reste, considèrent encore dédaigneusement tout ce qui est physique; la parole sur « la pierre que les bâtisseurs ont rejetée et qui est devenue pierre d'angle » sera vraie encore une fois [1]. La popularité que l'on recherche si souvent en vain [2] viendra alors d'elle-même. Il n'y aura plus cette fois aucune différence entre le monde de la pensée et celui de la réalité effective. Il y aura plus qu'un monde, et la paix de l'âge d'or s'annoncera d'abord dans la liaison harmonieuse de toutes les sciences.

Avec ces perspectives, que le présent écrit s'efforcera de plus d'une manière de justifier, il est bien permis d'oser une tentative souvent méditée, et qui contient une certaine préparation à cette future exposition objective de la science. Un jour viendra peut-être ce chantre du plus grand poème héroïque, rassemblant en esprit, comme il est dit des voyants des temps reculés, ce qui fut, est et sera [3]. Mais ce temps n'est pas encore venu. Il ne faut pas que nous nous méprenions sur

1. *Ps* 117, 22; *Ac* 4, 11.

2. Référence aux écrits populaires de Fichte et à son projet d'« unir la profondeur kantienne à la popularité socratique » (*Beiträge zur Berichtigung der Urtheile über die französische Revolution*, *Gesamtausgabe*, R. Lauth, E. Fuchs u. H. Gliwitzky (hrsg), Stuttgart-Bad Cannstatt, Frommann-Holzboog, 1964, Bd. I, 3, p. 213)

3. *Cf.* Homère, *Iliade*, I, v. 68-70: « Calchas, fils de Thestor, se lève: surpassant tous les autres devins, il connaît le présent, le passé, l'avenir » (trad. R. Flacelière, Paris, Gallimard, « Bibliothèque de la Pléiade », 1955, p. 95 [cf. *Schellings Bibliothek. Die Verzeichnisse von FWJ. Schellings Buchnachlaß*, AL. Müller-Bergen (hrsg), Stuttgart, Frommann-Holzboog, 2007 [dorénavant abrégé en SB], n° 18, p. 5]).

notre époque. En annonciateurs de ce temps-là, nous ne voulons pas ouvrir son fruit avant qu'il ne soit mûr, ni non plus méconnaître le nôtre. Ce temps est encore celui de la lutte. Le but de la recherche n'est pas encore atteint[1]. Nous ne pouvons donc être des narrateurs, mais seulement des chercheurs, pesant le pour et le contre de chaque opinion, jusqu'à ce que s'établisse l'opinion juste, indubitable, à jamais enracinée.

1. Ici Schelling a supprimé une phrase qui figurait dans les tirages précédents : « la science doit encore être portée et accompagnée par la dialectique, comme la parole par le rythme »

LIVRE PREMIER

LE PASSÉ

| Dieu, dans sa prévoyance, entoure d'une nuit obscure 207
l'issue du temps à venir aussi bien que le commencement du temps passé. Il n'est pas donné à tous de connaître la fin ; rares sont ceux qui peuvent voir les premiers commencements de la vie, et moins nombreux encore ceux qui peuvent embrasser le tout de la première des choses à la dernière. Ceux qui sont conduits à cette recherche non par une pulsion intérieure, mais par l'imitation, s'exposent, comme à un sort inévitable, à troubler leur esprit; car garder en tête la connexion du début à la fin demande de la force d'âme. Mais, ils voudraient mettre fin à l'aide de paisibles concepts généraux à ce qu'un acte seul est à même de trancher et représenter comme un simple enchaînement de pensées une histoire où alternent, comme dans l'effectivité, des scènes de guerre et de paix, douleur et plaisir, péril et salut[1].

Une lumière apparaîtrait dans ces ténèbres si l'on se faisait la remarque suivante: en admettant que cette antique

1. *Cf.* une première esquisse dans les projets et fragments traduits par Pascal David : *Die Weltalter*, p. 211 (trad. p. 247).

proposition presque galvaudée d'après laquelle l'homme serait le monde en miniature, soit vraie, il en résulterait que les processus de la vie humaine doivent, des abîmes jusqu'à son plus sublime accomplissement, s'accorder aux processus de la vie universelle. Il est certain que celui qui pourrait écrire, sur son fond, l'histoire de sa propre vie, aurait également saisi en raccourci l'histoire de l'univers. La plupart des hommes se détournent des régions cachées de leur propre sphère intérieure, comme ils se détournent des profondeurs de la vie
208 universelle, et craignent de jeter un regard dans les | abîmes de ce passé qui en eux ne se conduit encore que trop comme un présent.

Je le dis d'autant plus que, conscient de ne pas parler de choses bien connues ou plaisantes à entendre, ni d'aller dans le sens de ce qui est admis, je crois nécessaire de retracer la nature de toute genèse et rappeler que tout commence dans la nuit, puisque personne ne voit le but et qu'un événement isolé n'est jamais compréhensible pour soi, mais seulement une fois la série entière des faits écoulée. Il en résulte que, si toute histoire peut seulement être expérimentée, non pas simplement dans l'effectivité, mais également dans le récit, on ne saurait la communiquer, pour ainsi dire tout de go, au moyen d'un concept général. Qui veut avoir connaissance d'une telle histoire doit la suivre sur le grand chemin qu'elle a tracé, séjourner en chacun des moments[1] et s'abandonner à la

1. *Bei jedem Moment verweilen.* Réminiscence inattendue d'un passage célèbre : « le terme visé est le discernement par l'esprit de ce qu'est le savoir. L'impatience réclame l'impossible, c'est-à-dire d'atteindre le terme visé sans les moyens. Pour une part, il faut supporter la *longueur* de ce chemin, car chaque moment est nécessaire, – pour une autre part, il faut *séjourner* auprès de

progressivité du développement. L'obscurité de l'esprit ne peut être surmontée en un instant, d'un seul coup. Le monde n'est pas une énigme que l'on puisse résoudre d'un seul mot; son histoire est trop tortueuse pour qu'on puisse en quelque sorte la coucher sur le papier, comme le veulent certains, en quelques brèves propositions isolées de leur contexte.

A dire la vérité, il n'y a pas plus dans la vraie science que dans l'histoire de propositions proprement dites, c'est-à-dire d'assertions qui aient une valeur en et pour soi, abstraction faite du mouvement qui les a engendrées, ou une validité universelle et sans limite. Le mouvement est au contraire ce qui est essentiel dans la science; si on leur retire cet élément vital, les propositions dépérissent, comme des fruits détachés de l'arbre qui leur donne vie. Mais des propositions inconditionnées, c'est-à-dire valant une fois pour toutes, contreviennent à la nature de la vraie science, qui consiste en une progression. Car, si l'on appelle A l'objet de la science et $A = x$ la première proposition qui est formulée, et si cette proposition vaut inconditionnellement, c'est-à-dire si A est partout et toujours exclusivement égal à x, l'investigation est terminée, il n'y a plus rien à ajouter. Mais, de même que cette investigation est assurément de nature progressive, il est non moins certain que $A = x$ est une proposition qui n'a qu'une validité limitée. Elle vaut peut-être pour le commencement, mais à mesure que l'investigation avance, il apparaît que A n'est pas simplement x, qu'il est aussi y et donc $x + y$. Ici s'égarent | ceux qui, ne 209
disposant d'aucun concept relatif à la nature de la vraie science, prennent la première proposition, $A = x$, pour illimitée

chacun» (G.W.F. Hegel, *Phénoménologie de l'esprit*, trad. B. Bourgeois, Paris, Vrin, 2006, Préface, p. 77).

et qui, ayant peut-être appris ou s'étant représenté ailleurs dans l'expérience que A = y, opposent alors immédiatement cette deuxième proposition à la première, au lieu d'attendre que le besoin de progresser de l'imperfection de la première à la seconde se fasse jour de lui-même. S'ils veulent en effet, tout comprendre en une seule proposition, il ne leur reste qu'à admettre une thèse absolue et à renoncer du même coup à la science. Car là où il n'y a pas de succession, il n'y a pas de science.

Il suit de ce qui vient d'être dit que, dans la vraie science, toute proposition n'a qu'une signification déterminée et pour ainsi dire locale, et que celui qui la détache de la place déterminée qu'elle occupe et l'établit comme quelque chose d'inconditionné (de dogmatique), laisse échapper sens et signification ou s'empêtre dans des contradictions. Or, pour autant que la méthode est une sorte de progression, il est clair qu'elle est ici inséparable de l'être et qu'en dehors de lui ou sans elle la chose est perdue. Celui qui croit bon de mettre au premier plan ce qui est en arrière et inversement, ou de transformer en universelle et illimitée une proposition qui ne peut valoir qu'à une place déterminée, introduit certes assez de confusion et de contradiction dans les esprits ignorants, sans avoir cependant effleuré la chose même et lui avoir moins encore porté atteinte.

Le plus ancien des êtres est Dieu : tel aurait déjà été le jugement de Thalès de Milet. Mais le concept de Dieu est d'une grande, voire d'une très grande ampleur, et ne peut s'exprimer d'un seul mot. Il y a en Dieu nécessité et liberté. La première est déjà reconnue dès lors que l'on attribue à Dieu une existence nécessaire. Si, pour dire les choses naturellement, la nécessité existe en tant qu'elle précède en Dieu la liberté, c'est parce qu'un être doit exister avant de pouvoir agir

librement. La nécessité est au fondement de la liberté, elle est en Dieu lui-même ce qui est premier et plus ancien, pour autant qu'une telle distinction puisse trouver place en Dieu, ce que d'autres considérations auront à éclairer par la suite. Mais, bien que le Dieu qui est nécessaire soit le même que celui qui est libre, il n'y a pas unité indifférenciée entre les deux. Il en va
tout autrement | d'un être de nature et d'un être qui existe par 210
liberté. Si un être était déjà tout par nécessité, il ne serait rien par liberté. Et, cependant, tous s'accordent à voir en Dieu l'Être éminemment doué de volonté libre.

Chacun reconnaît que Dieu n'a pu créer les êtres hors de lui en vertu d'une nécessité aveugle de sa nature, mais qu'il l'a fait avec une volonté éminemment libre. Pour le dire plus précisément, s'il n'y avait que la pure nécessité divine, il n'existerait aucune créature, puisque cette nécessité ne renvoie qu'à l'existence *de Dieu* en tant que sienne. C'est donc par la liberté que dans la création, Dieu surmonte la nécessité de sa nature, et c'est la liberté qui l'emporte sur la nécessité, non la nécessité sur la liberté.

Ce que Dieu a de nécessaire, nous l'appelons sa nature. Son rapport à la liberté est analogue (mais non identique) à celui que l'Écriture établit entre la vie naturelle et la vie spirituelle de l'homme. Par cette vie naturelle, on n'entend pas seulement ce que l'on appelle communément la vie physique, c'est-à-dire charnelle ; et l'âme et l'esprit, quand ils ne sont pas nés une deuxième fois, autrement dit élevés à une vie différente, supérieure, relèvent du naturel aussi bien que le corps. Toute l'Antiquité, aussi bien que l'Écriture, ignore le concept abstrait de nature.

Mais cette nature de Dieu elle-même est vivante, elle est en vérité la vitalité suprême et ne se laisse pas exprimer si directement. Ce n'est que par le progrès du simple au composé, par un engendrement progressif que nous pouvons espérer parvenir au plein concept de cette vitalité.

On s'accorde à dire que la divinité est un être de tous les êtres, l'amour le plus pur, communicabilité et expansivité infinies. Mais on veut en même temps qu'elle *existe* comme telle. Or, de soi-même l'amour ne parvient pas à l'être. L'être est être à soi, être-en-propre, séparation, alors que l'amour est le néant de ce qui est propre : il ne cherche pas ce qui est sien et ne saurait non plus, pour cette raison, être par lui-même étant. De même, un être de tous les êtres est pour soi-même abyssal et n'est porté par rien; en soi-même, il est l'opposé de la personnalité, et il faut donc que ce soit une autre force visant à la personnalité qui lui donne un fondement [1]. Une force tout aussi
211 éternelle de séité, d'égoïté est requise pour que | l'être qui est amour se maintienne comme un être propre et existe pour soi [2].

C'est pourquoi le côté nécessaire de Dieu contient déjà deux principes : l'être qui se répand, qui s'épanche et qui se donne et une force non moins éternelle de séité, la force de rentrer en soi-même, d'être en soi. L'un et l'autre, cet être et cette force, sont, de soi, déjà Dieu sans que celui-ci y soit pour quelque chose.

Il ne suffit pas d'apercevoir l'opposition, il faut encore reconnaître le même caractère essentiel et originaire aux opposés. La force en vertu de laquelle l'être s'enferme en lui-même et se refuse est aussi effective en son genre que le

1. *Cf.* une première rédaction en 1811 : *Die Weltalter*, p. 19 (trad. p. 31).

2. *Kraft der Selbstheit.* Cf. *Monument de l'écrit sur les Choses divines*, SW VIII, 74 : « toute conscience est concentration, recueillement, resserrement, rassemblement de soi-même. Cette force de négation, revenant sur elle-même, est la vraie force de la personnalité en chaque être, la force de la séité, de l'égoïté ». *Cf.* notre traduction, Paris, Vrin, 2012, p. 87.

principe opposé ; chacun a sa racine propre, et aucun n'a à être déduit de l'autre. Si tel était le cas, l'opposition disparaîtrait immédiatement ; mais il est en soi impossible que les termes directement opposés procèdent l'un de l'autre.

Les hommes manifestent autant, il est vrai, une prédilection naturelle pour ce qui affirme qu'ils se détournent de ce qui nie. Tout ce qui se répand, tout ce qui va de l'avant leur parait évident, mais ce qui s'enferme en soi-même et se retient, même si cela n'est pas moins essentiel et vient partout à leur rencontre sous diverses formes, ils ne peuvent le comprendre aussi spontanément. La plupart ne trouveraient rien de plus naturel qu'un monde où tout ne consisterait qu'en douceur et bonté, mais ils ne tardent pas à s'apercevoir du contraire. Des entraves, quelque chose de réfractaire fait partout irruption : c'est ce qui, pour ainsi dire, ne devrait pas être, et qui pourtant est, doit nécessairement être, ce *non* qui s'oppose au *oui*, ces ténèbres face à la lumière, le tordu face au droit, la gauche face à la droite, ou quelles que soient les images avec lesquelles on a cherché à exprimer cette opposition éternelle ; mais il s'en faut de beaucoup que chacun soit à même d'en donner une expression ou même de le concevoir scientifiquement [1].

L'existence d'une telle opposition éternelle n'a pu échapper au premier homme qui ait senti intimement les choses et se soit montré attentif à elles. Découvrant déjà cette dualité dans les premiers commencements de la nature, mais ne trouvant nulle part sa source dans le visible, il a dû se dire très tôt que le fondement de | l'opposition est aussi ancien, **212**
voire plus ancien, que le monde, et que, dans tout ce qui vit

1. Passage parallèle en 1813 : *Die Weltalter*, p. 140 (trad. p. 166).

comme dans le vivant originel, il existe une dualité qui, après être descendue de plusieurs degrés, se présente à nous comme ténèbres et lumière, féminin et masculin, spirituel et corporel. C'est précisément pour cela que les doctrines les plus anciennes représentent la nature primitive comme un être ayant deux modes d'action conflictuels [1].

Mais, à des époques plus tardives et de plus en plus éloignées de ce sentiment originaire, on a souvent essayé d'anéantir l'opposition à sa source, de la supprimer pour ainsi dire dans l'œuf, en ramenant ces termes irréductibles l'un à l'autre et en les déduisant l'un de l'autre. L'opposition se trouva finalement ramenée à sa plus abstraite expression, celle de la pensée et de l'être. En ce sens, l'être s'est toujours opposé à la pensée comme quelque chose d'incoercible, de sorte que la philosophie qui a des lumières sur tout n'a rien trouvé de plus difficile que de donner un éclaircissement de cet être. Mais c'est précisément ce caractère insaisissable, cette résistance active à toute pensée, cette obscurité active, cette inclination

1. A comparer à la première rédaction en 1811 : « le premier homme à avoir senti intimement les choses, et à s'être montré attentif à elles, a dû reconnaître en lui, et hors de lui, l'existence d'une éternelle opposition. Trouvant cette résistance dès les premiers commencements de la nature, mais ne trouvant nulle part sa source dans le visible, il a dû se dire très tôt que le fondement de l'opposition est plus ancien que le monde, et même qu'il est aussi ancien que le plus ancien des Êtres; que dans le vivant originel comme en tout ce qui vit il existe une dualité qui, parvenue jusqu'à nous peut-être par d'innombrables degrés, se présente aujourd'hui sous la forme du corporel et du spirituel, des ténèbres et de la lumière, du feu et de l'eau, ou encore du masculin et du féminin. C'est précisément la raison pour laquelle les doctrines archaïques présentent avec une telle unanimité ce principe premier, à partir duquel tout s'est produit, comme un Être ambivalent ou encore ayant deux façons d'agir conflictuelles » (*Die Weltalter*, p. 50; trad. p. 66). Pour Leibniz, cf. *Propädeutik der Philosophie*, SW VI, 111 et 122 et plus loin ici SW VIII, 341.

positive aux ténèbres que la philosophie devait donner comme explication. Elle a préféré cependant éliminer totalement ce qui la gênait, et dissoudre entièrement l'inintelligible dans l'entendement ou, comme Leibniz, en représentation [1].

L'idéalisme, qui consiste proprement dans la dénégation ou la non-reconnaissance de cette force originaire de négation, est le système général de notre temps [2]. Sans cette force, Dieu est cet infini vide que la philosophie plus récente a posé à sa place. Elle appelle Dieu l'Être le plus illimité (*ens illimitatissimum*), sans songer que l'impossibilité de toute limite en dehors de lui ne saurait supprimer le fait qu'il y a en lui quelque chose grâce à quoi il se ferme en lui-même et se rend en quelque sorte pour lui-même fini (objet). Être infini n'est pas pour soi une perfection, mais plutôt la marque d'un être imparfait. Ce qui est achevé est justement ce qui est arrondi, fini, fermé en soi [3].

1. *Cf.* le passage parallèle dans la version de 1811 : « à cette pensée s'est opposé de tout temps, comme une force incoercible, l'être tout-puissant, en sorte que la philosophie, qui a des lumières sur tout, n'a rien trouvé de plus difficile que de donner un éclaircissement de cet être. Mais c'est précisément ce caractère insaisissable, cette résistance opposée de fait à toute pensée, cette active obscurité, cette inclination positive aux ténèbres que la philosophie devait poser comme explication. Elle a préféré éliminer totalement ce qui la gênait, et dissoudre entièrement l'inintelligible en intelligence ou, d'une façon ou d'une autre, en représentation » (*Die Weltalter*, p. 50 ; trad. p. 66). Pascal David rend *das Unverständliche* par « l'intelligible » plutôt que par « l'inintelligible ».

2. A comparer à la première rédaction en 1811 : « si l'on comprend l'idéalisme en ce sens, c'est-à-dire comme dénégation totale de cette force originaire de l'être, les écoles n'en ont nullement l'exclusivité, pas plus que l'idéalisme ainsi compris n'a attendu notre époque pour voir le jour » (*Die Weltalter*, p. 51 ; trad. p. 67).

3. « *Das Vollendete ist eben das in sich Runde, Abgeschlossene, Geendete* ». Cf. *Philosophie de la révélation*, SW XIII, 258 : « ce qui est

Mais il ne suffit pas non plus de reconnaître l'opposition si l'on ne reconnaît pas en même temps l'unité de l'essence, ou le
213 fait que c'est en réalité | *un seul et même être* qui est la négation et l'affirmation, celui qui répand et celui qui retient. L'idée d'une connexion ou quelque chose d'analogue est bien trop faible pour ce qu'il s'agit d'exprimer. Seules des choses purement et simplement différentes peuvent être mises en connexion ; les termes strictement opposés ne peuvent être uns qu'essentiellement ou, pour ainsi dire, personnellement, de même que la nature individuelle de l'homme est seule capable d'unifier ce qui est en conflit. Mais si l'on voulait donner le nom de connexion à tout ce qui n'est pas simple unité indifférenciée, il faudrait dire qu'en celui qui se montre tantôt doux et tantôt emporté, l'homme qui agit avec douceur est en connexion avec celui qui agit avec emportement, alors qu'ils sont en vérité un seul et même homme[1].

Si quelqu'un voulait aller plus loin et dire qu'il existe une contradiction dans le fait qu'*une seule et même chose* est ceci ou cela et, en même temps, le contraire, il devrait d'abord se faire une idée plus nette de ce principe, car il est bien connu que Leibniz avait déjà combattu le caractère inconditionné de cette règle constamment répétée. Et il ferait bien de se demander ensuite si ce n'est justement pas cela que l'on veut : *qu'il y ait* contradiction.

Cette contradiction serait supprimée ou, plutôt, la contradiction véritable, la contradiction essentielle serait transformée en une contradiction purement formelle ou

parfait est en soi achevé, et cela dans toutes les directions » et *Exposition de l'empirisme philosophique*, SW X, 262.

1. Même formule en 1811 : *Die Weltalter*, p. 29 (trad. p. 43).

verbale si l'on prenait l'unité de l'essence pour une unité indifférenciée des opposés. Même des expressions très relâchées telles que “le *oui* est également le *non*”, “l'idéal est le réel” et inversement, ne sauraient justifier une explication aussi stupide, car aucun jugement, même simplement redondant, n'exprime une unité indifférenciée des termes reliés (du sujet et du prédicat), mais seulement une unité indifférenciée de l'essence, du lien (la copule). Le véritable sens de chaque jugement, par exemple “A est B”, ne peut être que celui-ci : “ce qu'est A est ce qu'est B, ou bien : ce que sont A et B est une seule et même chose”. C'est ainsi que la dualité est déjà au fondement du concept simple : dans ce jugement, A n'est pas A, mais quelque chose $=x$ qui est A ; de même B n'est pas B, mais quelque chose $=x$ qui est B ; ce ne sont pas ces derniers (pas A et B pour soi) qui sont identiques, mais le x qui est A et le x qui est B, autrement dit ce seul et même x. La | proposition **214**
citée en contient à proprement parler trois, premièrement que $A=x$, deuxièmement que $B=x$ et troisièmement, ce qui en résulte, que A et B sont une seule et même chose, à savoir x.

Il s'ensuit naturellement que le lien dans le jugement est l'essentiel, ce qui se tient au fondement de *toutes* les parties, que le sujet et le prédicat constituent déjà chacun pour soi une unité et que ce que l'on appelle habituellement le lien signifie seulement l'unité de ces unités. Il en résulte également que dans le concept simple se trouve déjà préfiguré le jugement, dans lequel est déjà contenu le syllogisme, le concept n'étant alors que le jugement enveloppé et le syllogisme le jugement déployé (je fais ces remarques en vue d'une future élaboration, hautement souhaitable, du noble art de raisonner[1], car la

1. Passage parallèle en 1811 : *Die Weltalter*, p. 28 (trad. p. 42).

connaissance des lois générales du jugement doit toujours accompagner la science suprême). Mais l'on ne philosophe pas pour les novices ou pour ceux qui ignorent tout de cet art, il faut les renvoyer à l'école, comme on le fait dans d'autres arts, puisque nul ne peut produire ou juger une œuvre musicale s'il n'a pas appris les premières règles de la composition.

Que donc l'idéal *en tant que tel* soit le réel, et inversement que le oui soit le non et le non le oui, c'est assurément impossible : prétendre le contraire, c'est supprimer l'entendement humain, la possibilité de s'exprimer, et jusqu'à la contradiction elle-même. Mais ce qui est tout à fait possible, c'est qu'un seul et même x soit à la fois oui et non, amour et colère, douceur et dureté.

Peut-être certains voient-ils déjà ici une contradiction. Mais le principe de contradiction bien compris signifie seulement que le même *en tant que même* ne peut pas être à la fois quelque chose et son opposé, ce qui n'empêche pas ce qui est A de pouvoir être en tant qu'autre non A (*contradictio debet esse ad idem*). Le même homme, par exemple, peut se montrer bon, du point de vue de sa disposition aussi bien que de ses actes, de telle sorte qu'on ne puisse pas le dire mauvais *en cela* (à savoir du point de vue de sa disposition aussi bien que de ses actes), ce qui n'empêche pourtant pas qu'il puisse être mauvais du point de vue de ce qui ne relève pas en lui de la disposition ou des actes, et que l'on puisse bel et bien, de ce
215 fait, | lui appliquer deux prédicats opposés et même contradictoires. Ou, pour le dire autrement : des deux termes strictement opposés affirmés d'une seule et même chose, si l'un vaut comme actif et *étant*, l'autre doit, conformément au principe de contradiction, devenir inactif sous ce rapport et revêtir l'être.

Or, ce qui devrait être ici, effectivement et au sens le plus strict, c'est un seul et même opposé = x, force d'affirmation et force de négation. Il semble par conséquent que, dans la mesure où les deux deviennent *effectivement* un, l'un ou l'autre doit devenir sous ce rapport le non-étant, le non-efficient, autrement dit la force de négation (puisque cette dernière apparaît à la plupart comme hostile).

Mais l'équivalence (équipollence) originaire des deux intervient maintenant. Puisqu'en effet chacune de ces forces est par nature également originaire et également essentielle, chacune possède les mêmes titres à être l'étant; les deux se font équilibre et aucune n'est de nature à céder à l'autre.

On admettra que, quand les opposés deviennent réellement un, seul l'un d'entre eux est actif, tandis que l'autre est passif. Mais il résulte de l'équivalence de ces deux termes que si l'un est passif, l'autre doit l'être également et que si l'un est actif, l'autre doit l'être absolument. Or cela est impossible dans une seule et même unité; ici chacun doit être ou bien actif ou bien passif. Il résulte seulement de cette nécessité que l'unique unité doit se décomposer en deux, que l'opposition simple (que nous avons désignée par A et B), doit s'intensifier en devenant l'un des termes dédoublés; il ne s'ensuit nullement qu'en Dieu une seule force serait active et l'autre inactive, mais que Dieu lui-même est double, qu'il est en premier lieu une force de négation (B) qui refoule l'être affirmatif (A), le rend intérieurement inactif ou le dissimule; et il est en deuxième lieu l'être qui se répand, qui se communique et réprime, au contraire, purement et simplement la force de négation et ne la laisse pas s'actualiser au dehors.

Et il en est de même d'un autre point de vue. Les | opposés **216**
ne peuvent déjà être isolés chacun pour soi. La force de négation, de rétention ne pourrait exister pour soi sans quelque

chose qui la nie et la retient, et ce qui est nié, retenu, ne peut être autre chose que ce qui est en soi l'affirmant, ce qui s'épanche. Ainsi cette force de négation se sépare d'elle-même pour former en quelque sorte un véritable Être complet. A l'inverse, la puissance expansive, spirituelle par nature, ne pourrait subsister comme telle si elle ne contenait en soi, au moins à l'état caché, une force de séité. C'est pourquoi elle se sépare à son tour, comme un Être propre et il en résulte, au lieu de l'unité cherchée, deux unités opposées et extérieures l'une à l'autre.

Quelle que soit celle que nous voudrions sacrifier, nous ne supprimerions, ce faisant, que l'un des deux principes mêmes; car, puisqu'un seul principe est actif en elle, chacune de ces unités se comporte uniquement comme lui, c'est-à-dire la première comme B, la seconde comme A. Mais, comme A et B se faisaient équilibre, aucun des deux ne pouvant par nature céder à l'autre, l'équilibre des deux unités se maintient indéfectiblement et chacune a les mêmes droits que l'autre à être l'étant.

Les deux unités seraient ainsi totalement séparées l'une de l'autre et sans contact réciproque, semblables en cela aux deux Êtres primitifs de la croyance perse, dont l'un est une puissance de réclusion et d'obscurcissement de l'être, l'autre une puissance poussant à se répandre et à se manifester, ces deux puissances se comportant non comme une seule et même divinité, mais comme deux.

Il n'en reste pas moins qu'un seul et même $=x$ est à la fois les deux principes (A et B). Et cela non pas simplement selon le concept, mais effectivement, réellement. Il faut donc que le même $=x$ qui est les deux unités, soit aussi en même temps l'unité des deux unités; et de l'opposition intensifiée résulte l'intensification de l'unité.

Or, ici, la contradiction semble inévitable, puisqu'il faut
que les deux unités en opposition soient posées comme actives
et comme ne faisant qu'une. Et pourtant cette opposition se
laisse encore résoudre, car l'unité exigée n'a pas d'autre
signification que celle-ci : les opposés ne doivent faire qu'*un*,
autrement dit on pose une unité des deux, mais | sans poser 217
pour autant qu'ils doivent cesser d'être opposés. Il doit plutôt
y avoir unité aussi bien qu'opposition, ou bien l'unité et
l'opposition doivent même à leur tour être en opposition. Mais
l'opposition n'est en soi et pour soi aucunement une contradiction ; de même qu'il ne saurait paraître contradictoire que A
existe tout aussi bien que B, il ne peut y avoir contradiction
dans le fait que l'unité existe tout aussi bien que l'opposition.
Les uns et les autres se font à leur tour équilibre et pas plus que
l'opposition ne peut céder le pas à l'unité, l'unité ne peut
s'effacer devant l'opposition.

L'opposition repose sur le fait que chacune des deux puissances en conflit est un être pour soi, un *principe* proprement dit. C'est pourquoi l'opposition n'apparaît comme telle que lorsque les deux principes en conflit se comportent comme étant effectivement indépendants et séparés l'un de l'autre. Dire que chacune des deux, l'unité et l'opposition, doit être, signifie par conséquent que le principe de négation, celui d'affirmation et l'unité des deux doivent exister chacun pour soi comme un principe propre et séparé des autres. Mais par là l'unité se trouve placée sur la même ligne que les deux opposés ; elle n'est donc pas l'être de manière éminente, mais seulement un principe de l'être et elle fait ainsi parfaitement équilibre aux deux autres.

Le vrai sens de l'unité que nous avons affirmée au début est par conséquent celui-ci : un seul et même = X est à la fois l'unité et l'opposition ; ou bien les deux opposés, la puissance éternellement négative et la puissance éternellement affirmative et l'unité des deux, constituent l'unique et indivisible être originaire.

Mais ce n'est que maintenant, une fois ce concept initial pleinement déployé, que nous pouvons apercevoir la nature primordiale dans sa pleine vitalité. Nous la voyons de façon tout aussi originaire, pour ainsi dire, décomposée en trois puissances. Chacune de ces puissances peut être pour soi, car l'unité est unité pour soi et chacun des opposés est un être pleinement achevé ; mais aucun d'eux ne peut être *sans* que les autres soient également, car c'est seulement ensemble qu'ils remplissent le concept entier de la divinité et seul le fait que Dieu soit est nécessaire. Aucune de ces puissances n'est nécessaire aux autres et ne leur est par nature subordonnée. La puissance de négation est aussi essentielle, au regard de cet
218 | être originaire indivisible, que celle d'affirmation et l'unité, de son côté, n'est pas plus essentielle que chacun des opposés pour soi. Chacun a donc aussi un titre parfaitement égal à être l'essence ou l'étant ; aucun, par nature, ne peut s'accommoder du simple être ou du fait de ne pas être l'étant.

Ici la loi de contradiction, qui dit que les opposés ne peuvent être simultanément l'étant en une seule et même chose, trouve enfin son application. Du fait de la nécessité de sa nature, Dieu est un éternel *non*, il est l'être en soi suprême, une éternelle rétraction de son essence en soi-même dans laquelle nulle créature ne saurait vivre ; mais, du fait de la même nécessité qui s'attache à sa nature, bien qu'en vertu d'un autre principe, en tout point différent du premier, il est l'éternel *oui*, une éternelle expansion, un éternel don, une éternelle communication de son essence. Chacun de ces principes est l'essence, tout autant que peut l'être l'autre, ce qui signifie que chacun a les mêmes titres que l'autre à être Dieu ou l'étant.

Néanmoins, ils s'excluent réciproquement : si l'un est l'étant, l'opposé ne peut être que le non-étant. Mais tout aussi éternellement Dieu est-il le troisième terme, l'unité du *oui* et du *non*. De même que les opposés s'excluent mutuellement de l'être étant, l'unité exclut à son tour l'opposition et, avec elle, chacun des opposés, tandis qu'en même temps, l'opposition ou chacun des opposés exclut l'unité de l'être étant. Si c'est l'unité qui est l'étant, l'opposition, c'est-à-dire chacun des opposés, ne peut être que le non-étant ; et si, en revanche, c'est l'un des opposés et, du même coup, l'opposition qui est étant, l'unité ne peut que rentrer dans le non-étant.

Or, tous les trois ne restent pas inactifs, de sorte que la contradiction pourrait demeurer elle-même à l'état caché. Car les trois termes pris ensemble constituent la nature nécessaire, l'essence à laquelle il n'est pas permis de ne pas être, ou ce qui purement doit être. Mais cet ensemble ne peut exister que comme l'un indivisible de ces trois choses ; aucune d'elles ne remplit pour soi seul tout le concept de l'être nécessaire (la divinité) et chacune d'elles a le même droit que les autres d'être l'essence, autrement dit l'étant.

| Il se trouve donc que la nature primordiale est par elle- **219**
même en contradiction et que cette contradiction, loin d'être accidentelle ou de lui avoir été imposée du dehors (car il n'est rien en dehors d'elle), est une contradiction nécessaire posée en même temps que son être ou, pour parler plus exactement, qui est son être même.

Dans leur vie, rien ne répugne tant aux hommes que la contradiction qui les oblige à agir et les tire de leur confortable repos. Et quand celle-ci ne peut plus être cachée davantage, ils cherchent du moins à se la dissimuler à eux-mêmes et, tandis qu'agir est une question de vie ou de mort, ils détournent les yeux. En science, on a pareillement cherché à s'accommoder de cette difficulté en interprétant le principe de contradiction de telle manière que celle-ci n'existerait pas et ne devrait jamais exister. Mais comment établir une loi pour une chose qui ne peut exister d'aucune façon ? Même lorsqu'on déclare qu'il ne saurait exister de contradiction, on doit reconnaître que celle-ci est d'une manière ou d'une autre, car sinon comment prouver l'impossibilité de son existence et faire que la loi se démontre par elle-même, c'est-à-dire montre par elle-même sa véracité ?

Tout le reste laisse en un certain sens l'action libre ; ce qui ne permet absolument pas de ne pas agir, ce qui même y contraint, c'est la contradiction et elle seule. Sans contradiction, il n'y aurait pas de mouvement, pas de vie, pas de progrès, mais un repos éternel, un sommeil de mort de toutes les forces.

Si la nature primordiale avait été en accord avec elle-même, elle serait demeurée telle ; elle serait une unité permanente et n'irait jamais jusqu'à la dualité ; elle consisterait en une immobilité éternelle sans progrès. D'aussi loin que la vie existe, il existe une contradiction dans la nature primordiale. Aussi certainement que l'essence de la science consiste dans la progression, il est nécessaire que sa première position soit celle de la contradiction.

Le passage de l'unité à la contradiction est inconcevable. Car comment se fait-il que ce qui en soi est un, entier et parfait, puisse être attiré et incité à sortir de cet état de paix ? En revanche, le passage de la contradiction à l'unité est quelque chose de naturel, car la contradiction est insupportable à tous, et tous ceux qui s'y trouvent engagés ne connaîtront pas de repos, tant que ne sera pas trouvée l'unité qui réconcilie et surmonte la contradiction[1].

| La contradiction seule apporte la vie dans cette nature 220
primordiale nécessaire dont nous n'avons jusqu'ici considéré que le concept. Étant donné que, des trois principes dont l'enchaînement indissoluble constitue la nature, *chacun* est l'étant du fait de sa constitution propre et que, si l'un est étant, les autres sont nécessairement non-étant, sans cependant avoir pour cela la liberté d'être ou de n'être pas, il en résulte que, dans la nature primordiale, une décision, même survenant à l'aveugle, est d'ores et déjà nécessaire. Si l'un est étant, l'autre est non-étant, et cependant l'un et l'autre doivent (et doivent même impérativement) être pareillement des étants; il ne reste d'autre solution que de poser l'un et l'autre alternativement: tantôt l'un est posé comme étant et l'autre comme non-étant, tantôt c'est l'autre qui est posé comme étant et le premier comme non-étant. Mais pour que cette poussée originaire vers l'être en vienne à cette position alternée, il est nécessaire que l'un soit le commencement ou l'étant primordial, puis qu'un deuxième et un troisième le suivent, avant que le mouvement recommence par le premier: ce serait là une vie prenant éternellement fin et commençant éternellement à nouveau.

Mais pour *que* l'un commence, pour qu'il soit le premier, il faut qu'une décision ait lieu : non une décision consciente, qui serait le produit d'une réflexion, mais une décision qui, dans la lutte entre la nécessité et l'impossibilité d'être, soit le fait d'un pouvoir qui brise aveuglément l'unité. Mais le seul fondement qui détermine si l'un précède ou l'autre suit doit être recherché dans la nature particulière de chacun des principes, laquelle se

1. *Cf.* une première esquisse en 1813 : *Die Weltalter*, p. 124 (trad. p. 148).

distingue de la nature universelle par le fait que dans celle-ci tout est également originaire, également indépendant, chaque principe ayant le même droit à être l'étant. Cela ne veut pas dire que l'un des principes doive absolument être l'antécédent ou le conséquent, mais seulement que sa nature particulière lui permet, lui donne la possibilité d'être le premier, le deuxième ou le troisième.

Il est évident que ce qui a été posé comme commencement est la même chose que ce qui par la suite devient subordonné. Le commencement n'est commencement que pour autant qu'il n'est pas ce qui doit être proprement, c'est-à-dire l'étant véri-
221 table et en soi. Dès lors qu'il y a décision, on ne | peut poser comme commencement que ce qui, de par sa manière d'être spécifique, se rapproche le plus de la nature du non *étant*.

Dans la négation originelle, c'est donc le principe d'affirmation qui est posé, c'est-à-dire l'essence ou l'étant proprement dit (A) comme non-actif, comme non-étant. Ce n'est pas qu'il soit en général nié en tant qu'étant (car c'est impossible); il est au contraire posé comme étant, mais pas comme étant l'étant, autrement dit il est posé comme l'étant non manifeste, non effectif. Dans cette unité, au contraire, la seule chose vraiment active est la puissance de négation (B), qui, en tant que puissance opposée à l'essence ou à l'étant proprement dit, ne peut recevoir le nom d'étant, bien qu'elle ne soit pas pour autant le néant ou le non-étant.

Peu importe si, dans cette négation originaire, on ne voit que son côté actif ou ce qui est posé en elle comme inactif et passif, dans un cas comme dans l'autre, nous dirons qu'elle participe plus que tout autre chose de la nature du non-étant, voire qu'elle se révèle être le non-*étant* lui-même.

Le concept du non-étant, mais en premier lieu aussi ce non-étant lui-même si polymorphe, ont chaque fois induit en erreur ceux qui l'examinaient et les ont déconcertés de bien des façons, tels de véritables Protées; comme il n'apparaît en effet qu'à une infime minorité que la puissance proprement dite consiste dans la restriction et non dans l'expansion, et qu'il faut plus de force pour se reprendre que pour se donner, il est bien naturel que toutes les fois qu'ils rencontrent ce qui est par soi-même non-étant, ils le prennent plutôt pour le néant et pensent se trouver face à la plus grande contradiction lorsqu'ils entendent dire que ce non-étant, en tant précisément que non-étant, est[1].

La distinction toute simple à enseigner, encore qu'elle ne se trouve que chez Plutarque, entre le non-être (μὴ εἶναι) et l'être non-étant (μὴ Ὂν εἶναι) pouvait cependant nous délivrer de ce malentendu purement grammatical qui a embarrassé tant d'interprètes des philosophes grecs et duquel, entre autres, le concept de création *ex nihilo* tire son origine. Elle permet aussi de défendre ce terme de privation (στέρησις) qu'emploie Aristote pour désigner l'autre, l'opposé (τούναντίον), étant donné que la force de négation, | celle qui retient l'être, ne **222**
pose pas que celui-ci n'est pas, mais seulement qu'il n'est pas l'étant.

C'est d'ailleurs à ce concept de non-étant que doit déjà conduire la considération la plus générale. Ce qui en effet constitue l'être proprement dit en chaque chose ne peut, du fait de l'opposition, être identique à l'étant, mais il est par nature le non-étant, ce qui ne signifie pas pour autant qu'il est le néant. Car comment se pourrait-il que ce qui est bel et bien soi-même l'être fût le néant? Il faut que l'être soit lui-même à son tour. Il

1. *Cf.* un passage parallèle dans le tirage de 1813: *Die Weltalter*, p. 141 (trad. p. 166).

n'y a pas d'être pur et simple, n'ayant rien d'étant (il n'y a pas de A sans B)[1]. Le non-étant n'est pas simplement un étant relativement à autre chose (objectivement), mais il est un étant en soi (subjectivement)[2]. Il n'est un non-étant que par rapport à cet autre considéré comme l'étant au sens éminent; par rapport à lui-même, il n'en est pas moins un étant. Tout étant d'un degré inférieur se comporte comme un non-étant à l'égard du terme supérieur et le même A, qui est un étant par rapport à un autre, peut apparaître comme un non-étant par rapport à un A d'un ordre supérieur.

Telle est à peu de choses près notre manière d'exprimer ce que Platon avait déjà montré dans son splendide dialogue sur le non-étant, à savoir qu'il est quelque chose de nécessaire et que, faute de considérer les choses ainsi, rien ne permet plus de distinguer la certitude du doute, ni la vérité de l'erreur[3].

Du point de vue du concept, l'étant est ce en quoi le principe d'affirmation est actif et se manifeste au dehors. Mais il ne s'ensuit pas toujours que ce qui est selon le concept se comporte aussi dans les faits comme l'étant, car dans le cas d'un ordre perverti ou en l'absence d'ordre, de pondération et d'articulation, ce qui est en soi-même ou essentiellement étant peut devenir non-étant à l'égard de ce qui, par essence, est proprement non-étant. De même que le bon impose le silence à ce qui est mauvais en lui, le mauvais fait taire ce qu'il y a en lui

1. *Cf.* un passage parallèle dans le tirage de 1813: *Die Weltalter*, p. 141 (trad. p. 167).

2. Comparer une version très différente de ce passage dans le tirage de 1813: *Die Weltalter*, p. 142 (trad. p. 167).

3. Cf. *Sophiste* 256d-264d: « il est donc inévitable qu'il y ait un être du non-être ».

de bon et pose ce qui est étant par essence comme un non-étant dans les faits.

Nous songeons également à l'abus qu'une autre forme de sophistique fait du concept du non-étant. Étant donné que l'être apparaît au sentiment aveugle comme la réalité suprême, mais que tout être | repose sur la fermeture à soi de l'essence, 223
elle conclut (cette explication ne l'ayant que trop encouragé à cela) que l'être est impossible à connaître, et comme, pour elle, tout est *être*, que rien n'est connaissable, que tout savoir qui sait dissout l'être et que seul le non-connaissant connaît[1]. Il est vrai qu'en soi, l'étant seul est aussi le connaissable, alors que le non-étant est le non-connaissable. Il est cependant insaisissable pour autant et dans la mesure seulement où il est non-étant; pour autant, en revanche, qu'il est en même temps, comme tel, un étant, il peut être effectivement saisi et conçu. Car ce par quoi il est non-étant est précisément ce par quoi il est étant. Si, en effet, il est non-étant, ce n'est pas en raison d'un total manque de lumière et d'essence, mais à cause de l'active réclusion en soi de l'essence, autrement dit à cause d'une force active. Nous pouvons donc tourner notre regard ou bien vers ce qui en lui est intérieur et caché, ou bien vers ce qui en lui est extérieur et manifeste; dans le premier cas, on a affaire à l'essentialité même, dans le second, à une force active, voire, pour le dire plus précisément, à la force, à la puissance au sens absolu, laquelle doit cependant, comme telle, être à son tour un étant, et, par voie de conséquence, un être connaissable.

1. Nouvelle référence à Jacobi et à sa philosophie du non-savoir. *Cf.* la lettre à Windischmann du 12 novembre 1811 : « on recommence sans conteste à prêcher au monde la funeste doctrine du non-savoir, avec de pieuses malédictions contre l'impiété de notre panthéisme et athéisme » (*Aus Schellings Leben. In Briefen*, GL. Plitt (hrsg), Leipzig, G. Hirzel, 1869-1870, Bd. II, 270).

Telle est la force et la puissance éternelles de Dieu que de se nier lui-même, de reprendre en soi son essence et de l'enfermer en soi-même. Dans cet acte, la force de négation est la seule chose qui soit révélée de Dieu, mais son essence proprement dite est ce qui est caché ; le tout se comporte par conséquent comme un A, qui, extérieurement, est B, = (A = B). Ce B, étant donné qu'en lui Dieu est le Dieu non-étant (non-manifeste), tend donc avant toute chose, du fait de son essentialité, à être non-étant à l'égard d'autre chose. C'est donc là le commencement ou, comme nous nous sommes déjà exprimé ailleurs, la première *puissance*.

C'est ainsi que, d'après les doctrines les plus anciennes, la nuit est, pour le dire en général, non pas la plus élevée des essences (selon la manière erronée dont on comprend actuellement ces doctrines[1]), mais la première d'entre elles, qui devient, précisément pour cette raison, la plus inférieure de toutes à mesure que le mouvement progresse : c'est précisément ce qui nie toute révélation qui doit former le fond de la révélation.

On peut encore le montrer d'un autre point de vue. Un être ne peut pas se nier sans s'intérioriser en même temps soi-même, sans faire de soi-même l'objet de sa propre volonté et de ses désirs. Le commencement de toute science est la
224 connaissance de son ignorance ; | mais il est impossible que l'homme se pose lui-même comme non sachant, sans faire

1. Possible référence à un passage des *Choses divines* de Jacobi (Friedrich Heinrich Jacobi, *Werke. Gesamtausgabe*, Bd. 3, *Schriften zum Streit um die göttlichen Dinge und ihre Offenbarung*, W. Jaeschke (hrsg), Hamburg-Stuttgart, Meiner-Frommann-Holzboog, 2000, p. 94 ; trad. fr. P. Cerutti, Paris, Vrin, 2008, p. 104). Schelling répond à ces remarques dans le *Monument des choses divines*, SW VIII, 78.

intérieurement de la science l'objet de ses désirs. Il en résulte que se poser soi-même comme non-étant et se vouloir soi-même sont une seule et même chose. Ce qui pour tout être est premier, c'est de se vouloir soi-même; c'est précisément ce "se vouloir" qui est l'assise de l'égoïté, ce par quoi un être s'écarte ou se sépare des autres choses, ce grâce à quoi il est seulement lui-même, niant donc ce qui lui est extérieur et toutes les autres choses.

Mais c'est dans le vouloir en général que réside la force d'un commencement. Car ce qui est voulu, ce qui, d'après l'intention, doit être véritablement est, du fait même qu'il est *voulu*, posé comme non-étant. Mais tout commencement repose sur le fait que ce qui doit être vraiment (l'étant en soi) n'est pas. Mais comme un être qui n'a rien qui lui soit extérieur ne peut rien vouloir d'autre que lui-même, le commencement inconditionné, absolument premier ne peut résider que dans le fait de se vouloir. Mais se vouloir et se nier en tant qu'étant sont une seule et même chose. Le premier commencement ne peut donc consister que dans la négation de soi en tant qu'étant.

Car, d'une façon générale, c'est seulement dans la négation que réside le commencement. Tout commencement est, par sa nature, un désir de la fin ou de ce qui conduit à la fin, et se nie donc en tant que fin. Il est la première tension de l'arc [1], il existe moins lui-même comme un étant que comme le

1. Cf. *Die Weltalter*, p. 216 (trad. p. 252) : « c'est la fringale du non-être qui devient la génitrice de l'acte, qui est l'emprise du commencement éternel et proprement dit qui, comme le mot *Anfang* l'indique, ne peut consister en une donation, en une profération ni en une communication de soi, mais seulement en une prise, un rapt, une attraction. Cette faim est le véritable aimant attirant tout à soi, la première tension de l'arc, une tension durable cependant et ne

fondement qui permet que quelque chose soit. Il ne suffit pas pour qu'un mouvement maintenant commence ou devienne qu'il ne soit pas, il doit être expressément posé comme n'étant pas, afin qu'un fondement soit donné pour qu'il existe. Le point où commence un mouvement (son *terminus a quo*) n'est jamais un point de départ vide, inactif, c'en est plutôt une négation, tandis que le mouvement qui débute effectivement est un surpassement d'une telle négation. Si le mouvement n'était pas nié, il ne pourrait pas être posé expressément. La négation est donc ce qui précède nécessairement (*prius*) tout mouvement. Le point géométrique est le commencement de la ligne, non parce qu'il est lui-même étendu, mais parce qu'il est la négation de toute extension; l'unité est le commencement de tout nombre, non parce qu'elle est nombre elle-même, mais parce qu'elle est négation de tout nombre, de toute multiplicité. Ce qui veut s'intensifier doit commencer par se reprendre,
225 par se poser à l'état de racine; | ce qui veut croître, doit commencer par s'amoindrir : ainsi, la négation constitue partout le premier passage de rien à quelque chose.

Il ne fait par conséquent aucun doute que, s'il y a place pour une succession dans les puissances originaires de la vie, seule celle qui renferme et refoule l'essence, peut être la puissance du commencement. Ce qui en Dieu vient en premier après la décision ou (puisque nous devons admettre que cette décision a déjà *eu lieu* de toute éternité, ou continue encore à se produire) ce qu'il y a de premier en Dieu en général, dans le Dieu vivant, autrement dit son éternel commencement de soi-même en lui-même, consiste en ceci qu'il se renferme, se

cessant jamais, selon l'image par laquelle la plus haute Antiquité se représentait déjà la vie ».

refuse, retire son essence de l'extérieur et la reprend en soi-même.

La doctrine actuellement admise à propos de Dieu est qu'il est sans commencement. L'Écriture dit pourtant qu'il est le commencement et la fin. Nous ne pouvons concevoir un être sans commencement, sous quelque rapport que se soit, autrement que comme l'immobilité éternelle, la pure inactivité. Car il n'existe aucun agir sans un point dont il part ou vers lequel il tend. Un agir qui n'aurait ni quelque chose de solide sur quoi se fonder, ni un but ou une fin déterminée qu'il désire atteindre, serait un agir tout à fait indéterminé, sans rien qui soit effectif et différencié comme tel. On peut se représenter comme n'ayant pas de commencement quelque chose d'éternel qui ne serait pas effectif, mais pas quelque chose éternel qui le serait. Or nous parlons ici de ce qui est nécessairement effectif en Dieu. Dieu n'a pas de commencement pour autant seulement qu'il n'a pas de commencement de son commencement. Le commencement en lui est un commencement éternel, un commencement qui était de toute éternité commencement, qui l'est encore et ne cessera jamais de l'être. Le commencement que l'être a hors de soi est une chose, le commencement qu'il a en soi en est une autre; un commencement dont l'être peut se détacher et qui peut lui-même se détacher de l'être est une chose, un commencement dans lequel l'être demeure éternellement, parce qu'il est Soi-même commencement, en est une autre.

Mais la nature divine ne tolère pas que Dieu soit un pur *non* éternel, un éternel refus de soi; il est tout aussi conforme à sa nature qu'il soit un être de tous les êtres, l'être qui se donne et se communique infiniment. Quand bien même il dissimule son
être, cette négation (qui, reculant | maintenant dans le négatif, 226
ne se laisse pourtant pas supprimer, mais demeure) n'en

apparaît pas moins, du fait de l'éternelle nécessité de sa nature, et, en opposition avec elle, le côté éternellement affirmatif de son être se fait jour, qui, de son côté, refoule en soi la force de négation et s'intensifie par là jusqu'à devenir un être indépendant.

De même que le corps, en se contractant et se refroidissant, diffuse aussitôt autour de lui une chaleur perceptible, c'est-à-dire exhale une chaleur restée jusqu'alors inactive, de la même manière, et avec exactement la même nécessité, cette négation originaire se fait le fondement immédiat, la puissance procréatrice de l'Être proprement dit, qu'elle pose en dehors et indépendamment de soi comme un être démarqué de lui, voire opposé à lui, en un mot comme l'étant éternel en soi-même.

Par là, cette négation originaire se voit éclairée d'un jour nouveau. Un Être ne peut pas se nier lui-même comme effectif sans se poser en même temps comme la puissance d'effectuation, comme la puissance procréatrice de soi-même. A l'inverse, c'est une seule et même chose que de se poser comme la puissance d'effectuation de soi-même et de se poser comme non-étant.

Dans la première puissance (dans $A=B$), il y avait aussi un étant (A), mais il y était posé comme non-étant (comme passif, comme objet). Mais dans ce qu'il a engendré, l'étant est, d'après ce que nous présupposons, posé *comme étant*. Pour cette raison, on peut lui donner le nom d'étant à la deuxième puissance (nous le désignons par A^2 pour autant qu'en lui l'élément de négation B disparaît) et cela suffirait déjà à montrer que, si ce *non* originaire est le commencement et ce qui est premier, l'être qui lui est opposé est le deuxième terme, le conséquent.

Mais que l'un précède et que l'autre suive, peut encore se montrer d'une autre façon. Que la force de négation refoule

l'être, est pour elle quelque chose de naturel ; et une fois posée une force de négation, elle ne pourra agir autrement que par la fermeture sur soi de l'être. Mais cette force de négation est entièrement étrangère au principe d'affirmation pris en lui-même ; celui-ci, en tant qu'il est l'étant, n'est étant et effectif qu'en tant qu'il refoule en soi la force de négation. Il n'y parviendrait jamais de lui-même et ne s'élèverait donc jamais non plus à l'acte si la négation de l'être | ne précédait. Car qu'il 227
soit étant, il n'en est redevable qu'à lui-même ; mais qu'il soit à nouveau en tant qu'étant, qu'il se montre actif, qu'il se manifeste comme l'étant, il faut en chercher le fondement dans la puissance de négation. Si le *non* n'existait pas, le *oui* n'aurait pas la moindre force. Pas de *moi* sans *non-moi*, et dans cette mesure, le *non-moi* précède le moi[1]. C'est précisément pour cela que l'étant, parce qu'il est de lui-même étant, n'a aucune raison de désirer d'être. Mais être nié contrevient à sa nature. Si donc il est nié en quelque façon, il s'ensuit qu'en dehors de ce en quoi il est nié, il reste en lui-même non nié et subsiste dans la limpidité qui est la sienne.

Avec ces deux puissances apparaît l'opposition originaire, mais une opposition qui, au lieu de reposer sur une totale exclusion réciproque, s'appuie sur un rapport d'opposition, ou, en quelque sorte, sur une position inversée de ces premières forces de vie. Ce qui, dans la puissance précédente,

1. *Cf.* JG. Fichte, *Gesamtausgabe*, *op. cit.*, Bd. IV, 3, *Kollegnachschriften 1794-1799*, p. 398 ; *cf.* également ce passage du manuscrit de Halle : « je ne peux pas agir sans poser quelque chose que vise mon agir, et je ne peux pas poser quelque chose de tel sans agir. Il y a ici action réciproque ; il en va de même pour le moi et le non-moi. Il n'y a pas de moi sans non-moi, ni de non-moi sans moi » (*Doctrine de la science nova methodo*, trad. I. Radrizzani, Lausanne, L'âge d'homme, 1989, p. 285n).

était l'extérieur, le contenant, ce qui nie, devient dans la suivante l'intérieur, le contenu, le nié lui-même; et, inversement, l'entravé devient ici le libre. Elles sont à la fois infiniment distantes l'une de l'autre et infiniment proches. Distantes, car ce qui, dans l'une, est affirmé et manifeste est, dans l'autre, nié et placé dans l'ombre. Proches, car il n'est besoin que d'un simple renversement, que l'on tourne vers le dehors ce qui est caché et vers le dedans ce qui est manifeste, pour que l'une se transpose dans l'autre et, pour ainsi dire, se change en elle.

Nous voyons déjà ici apparaître la disposition requise pour une future unité intérieure où chacune des puissances émergerait pour soi-même. Ainsi le jour est caché dans la nuit, étant seulement dompté par elle. Ainsi la nuit est cachée dans le jour, seulement refoulée et capable de s'établir aussitôt la puissance qui la réprime disparue. Ainsi encore le bien est caché dans le mal, qui le rend seulement méconnaissable, et le mal est dans le bien, mais dominé par lui et rendu inefficace.

Mais, de la sorte, l'unité de l'être apparaît déchirée puisque chacun des contraires subsiste en et pour lui-même comme un être propre. Mais l'un et l'autre tendent vers l'unité, ou inclinent à se rejoindre en un même point, car la force de négation
228 ne peut s'éprouver | comme telle qu'en présence d'un être qui se découvre à lui, et ce dernier ne peut agir comme quelque chose d'affirmatif qu'en libérant ce qui se trouve nié, refoulé. Il est également impossible que l'unité de l'Être soit supprimée, et c'est donc grâce à l'éternelle nécessité, par la force de la vie indissoluble, que ces deux contraires posent en dehors et au-dessus d'eux le troisième terme qu'est l'unité.

Ce troisième terme doit se tenir en soi-même en dehors et au-dessus de toute opposition; il doit être la puissance la plus pure, indifférente à l'égard des deux, libre par rapport à eux et essentielle au suprême degré.

Il apparaît alors clairement de ce qui précède qu'il ne peut s'agir ni du premier, ni du deuxième, mais seulement du troisième principe et que celui-ci peut uniquement se comporter comme un étant à la troisième puissance = A^3.

De même que la négation originaire est le commencement éternel, ce troisième terme est la fin éternelle. Il y a, de la première à la troisième puissance, une progression inexorable, un enchaînement nécessaire. Aussitôt la première puissance posée, la deuxième l'est nécessairement à son tour, et les deux ensembles engendrent non moins nécessairement la troisième. Le but se trouve ainsi atteint; il ne reste plus aucun terme supérieur à engendrer.

Mais, parvenu au sommet, le mouvement revient de lui-même à son commencement. Car chacun des trois a le même droit à être l'étant; cette différence et la subordination qui en résulte ne constituent qu'une différence d'essence, qui ne peut toutefois supprimer leur équivalence au regard de l'être-étant ou, pour le dire plus brièvement, leur égalité existentielle.

Ici, il ne saurait encore s'agir de rapport moral, car nous n'avons posé qu'une nature aveugle, non un principe éthique. On nous a assez dit que l'idéal se tient au-dessus du réal, que le physique est subordonné au spirituel, et pareilles autres choses. On n'a en effet jamais manqué de nous en instruire. On paraissait avoir exprimé cette subordination de la manière la plus précise en posant ce qui relève du réal comme une première puissance et ce qui relève de l'idéal comme une deuxième. Mais que l'on commence seulement par poser ce qui doit être subordonné comme effectivement subordonné.
Que se passe-t-il alors ? | Tout est fini dès le commencement; **229**
tout a déjà eu lieu, et il est impossible de progresser plus loin.

Cette vie originaire, nécessaire et durable s'élève donc du plus bas au plus élevé; mais, une fois atteint ce point, elle revient immédiatement au commencement pour, de là, s'élever à nouveau. Nous voici alors en possession du concept achevé de cette nature primordiale (une fois écartés tous les concepts particuliers qu'il ne nous a fallu poser qu'en vue de ce concept achevé), à savoir qu'il s'agit d'une vie qui tourne éternellement en elle-même, une sorte de cercle dont le point le plus bas se déplace à chaque fois dans le point le plus haut, et le plus haut à nouveau dans le plus bas. Car compte tenu de la nature des trois principes, il est impossible que toutes choses soient l'étant, comme il est impossible que toutes ne le soient pas, et par conséquent, dans cette poussée vers l'existence, on peut seulement se figurer une alternance de positions, puisque c'est tantôt l'un, tantôt l'autre qui est l'étant, tandis qu'alternativement, l'un prévaut et l'autre cède.

Naturellement, dans ce circuit incessant, la différence entre l'inférieur et le supérieur se supprime; il n'y a rien qui soit vraiment supérieur, rien qui soit vraiment inférieur, puisque tout l'est alternativement: il n'existe qu'une roue perpétuelle, un mouvement rotatoire incessant sans la moindre différenciation. Le concept de commencement, comme celui de fin, se suppriment eux-mêmes à nouveau dans ce parcours. C'est bien là un commencement selon la puissance ou selon la possibilité, quelque chose qui pourrait être le commencement, mais pas un commencement effectif. Un commencement effectif est seulement celui qui se pose lui-même comme non-étant au regard de ce qui doit être à proprement parler. Mais ce qui pourrait constituer un commencement dans ce mouvement ne se reconnaît pas comme tel et prétend à être l'étant au même titre que les autres principes. Un vrai commencement n'est pas celui qui recommence sans cesse, mais celui qui persiste. Le vrai commencement est le fondement d'un progrès permanent et non ce qui fait alterner des mouvements d'avancée et de

retrait. De même, la fin véritable, qui fait qu'un être subsiste, est celle qui n'a pas à nouveau besoin de revenir à son commencement. Aussi pouvons-nous | voir dans cette vie primor- 230
diale aveugle une vie qui ne peut trouver ni son commencement ni sa fin; nous pouvons dire sous ce rapport qu'elle est *sans commencement* (véritable) et *sans fin* (véritable).

Or, puisque cette nature primordiale n'a pas commencé à un moment donné, mais qu'elle existe de toute éternité, pour ne jamais (véritablement) finir, et qu'elle a pris fin de toute éternité, pour toujours recommencer, il est clair qu'elle consiste de toute éternité, c'est-à-dire originairement, en un tel mouvement qui progresse en soi-même, et que ce mouvement est son vrai concept, son concept vivant.

Telles sont les forces de cette vie intérieure qui toujours s'enfante et se dévore sans cesse, et dont l'homme, non sans effroi, doit pressentir partout, serait-elle dissimulée aujourd'hui sous les paisibles qualités qu'elle tourne au-dehors, la présence cachée. En revenant incessamment au début, en commençant éternellement à nouveau, elle se fait substance au sens propre du mot (*id quod substat*), elle fait de soi ce qui demeure toujours. Pareille à un mouvement d'horloge et de rouages intérieur et incessant, elle est le temps qui commence éternellement, devient éternellement et toujours s'engloutit et s'enfante à nouveau lui-même.

L'opposition s'engendre éternellement pour être à nouveau dévorée par l'unité, et elle est éternellement dévorée par l'unité pour renaître une nouvelle fois à la vie. C'est là le foyer (ἑστία), le brasier dans lequel la vie sans cesse se consume, pour renaître, toujours nouvelle, rajeunie, de ses cendres.

C'est le feu insatiable (ἀχάματον πῦρ)[1] dont Héraclite a dit que, s'il n'avait baissé d'intensité, l'univers n'aurait pu voir le jour, c'est la flamme que le prophète a vu circuler en elle-même et revenir à soi avant de repartir en avant[2]. Tel est l'objet du très ancien magisme[3] et de la doctrine du feu dont s'inspirait encore le législateur juif lorsqu'il confia à son peuple : « le Seigneur ton Dieu est une flamme dévorante »[4], non certes par son essence intime et propre, mais par nature.

C'est néanmoins dans ce mouvement revenant inlassablement en soi et recommençant sans cesse qu'il faut à coup
231 sûr rechercher le concept scientifique de cette roue | de la naissance tel qu'il est déjà apparu comme l'intériorité de toute nature à celui des apôtres* [5] qui se signalait par la profondeur du regard jeté en elle, aussi bien qu'à ceux qui, plus tard, sont partis de ce qu'ils voyaient et ressentaient pour écrire.

* ὁ τροχὸς τῆς γενέσεως (*Ja* 3, 6).

1. Cf. *Iliade* XVIII, 225 : « les cochers, éperdus, regardent la lueur terrible de la flamme, qui brûle, infatigable, au front du Péléide, magnanime héros, – flamme qu'a fait jaillir tout à l'heure Athéna, la déesse aux yeux pers » (trad. R. Flacelière, *op. cit.*, p. 417).

2. Pour ce qui est d'Héraclite, *cf.* le fragment 30 que rapporte Clément d'Alexandrie : « ce monde-ci, le même pour tous, nul des dieux ni des hommes ne l'a fait, mais il était toujours, est et sera, feu éternel s'allumant en mesure et s'éteignant en mesure » et peut-être aussi le fragment 76 que rapportent Plutarque et Marc-Aurèle : « mort du feu, naissance pour l'air ; mort de l'air, naissance pour l'eau ». Pour ce qui est de la référence biblique, peut-être *Ez* I, 4-20.

3. Le nom magisme renvoie aux disciples de Zoroastre qui considéraient le feu comme la représentation la plus adéquate de l'être suprême.

4. *Dt* 4, 24 ; 9, 3 (*Hb* 12, 29).

5. *Ja* 3, 6 : « la langue aussi est un feu, c'est le monde de l'iniquité. La langue est placée parmi nos membres, souillant tout le corps, et enflammant le cours de la génération, étant elle-même enflammée par la géhenne ».

On peut aussi se représenter ce mouvement sous la forme d'une systole et d'une diastole. C'est un mouvement en tout point involontaire, qui, une fois commencé, se produit à nouveau lui-même. Le recommencement, la nouvelle ascension est une systole, une tension qui atteint son acmé dans la troisième puissance; le retour à la première puissance est une diastole, un relâchement suivi aussitôt d'une nouvelle contraction. C'est là la première pulsation, le commencement de ce mouvement alternant à travers toute la nature visible, l'éternelle contraction et l'éternelle expansion, le flux et le reflux universels.

Dans le tout comme dans ses parties, la nature visible est une image de ce mouvement incessant d'avancée et de recul. L'arbre, par exemple, se développe continûment de la racine aux fruits; mais, une fois atteint le sommet, il se dépouille à nouveau de tout, revient à l'état de stérilité, se fait encore une fois racine et reprend son ascension. Toute l'activité de la plante revient à engendrer la graine et à tout recommencer en elle entièrement, puis, par un nouveau processus, à produire encore une graine et repartir du début. Mais la nature visible paraît tout entière incapable d'obtenir la moindre permanence et semble tourner infatigablement dans un même cercle. Une génération vient, l'autre s'en va[1]; la nature s'épuise à développer des propriétés, des œuvres et des talents jusqu'à un certain sommet, avant de les ensevelir dans l'oubli pour des siècles, puis, dans un nouvel élan et sous une nouvelle forme peut-être, tente de s'élever une nouvelle fois jusqu'au plus haut.

Mais, de cette manière, cet Être primordial ne parvient jamais à l'*être*, car ce n'est qu'ensemble que les trois

1. *Qo* 1, 4.

puissances épuisent le concept de la nature divine, et c'est seulement le fait que cette nature soit qui est nécessaire. Du fait de cette poussée continuelle vers l'être, sans qu'il soit pourtant jamais à même d'exister, il demeure dans un désir permanent,
232 | comme une aspiration inlassable, une soif éternelle d'exister que rien n'apaise. On peut alors lui appliquer l'antique sentence : la nature se cherche et ne se trouve pas (*quaerit se natura, non invenit*[1]).

Si la vie en restait là, il n'y aurait rien qu'une inspiration et une expiration éternelles, une perpétuelle alternance de vie et de mort, non pas une véritable existence, mais seulement une éternelle tendance et ardeur à être, sans aucun être effectif.

Il est clair qu'aucune existence effective ne pourrait voir le jour en vertu de la simple nécessité de la nature divine, et donc de la nécessité en général.

Comment ou par quels moyens la vie a-t-elle pu alors sortir de ce circuit et gagner la liberté ?

Puisque chacun des trois principes a les mêmes droits à être l'étant, la contradiction ne peut trouver sa solution dans le fait que l'un d'eux accède à l'étant aux dépens des autres. Mais comme, d'autre part, la contradiction ne peut pas durer et qu'elle demeure pourtant, puisque chacun veut être pour soi l'étant, la seule solution concevable est que *tous* renoncent ensemble et librement (qui pourrait les forcer ?) à être l'étant et qu'ils se rabaissent par conséquent eux-mêmes au simple être. Du coup prend fin cette équivalence (cette équipollence) dont

1. F.C. Oetinger, *Die Philosophie der Alten, wiederkommend in der güldenen Zeit*, Frankfurt, 1762, Bd. II, p. 30 [SB 791, p. 199]. Pour une autre citation de cette maxime, cf. *Fragment einer Abhandlung zur Strukturtheorie des Absoluten*, B. Loer, *Die Absolute und die Wirklichkeit in Schellings Philosophie*, Berlin, de Gruyter, 1974, p. 50.

ils étaient redevables non à leur essence ou à leur nature particulière (en vertu desquelles ils forment plutôt une suite hiérarchique), mais au fait que, par nature, chacun était poussé autant que les autres à être l'étant. Tant que subsiste cette nécessité, ils ne peuvent manquer d'aspirer à se retrouver tous à la même place, celle de l'étant, ou, pour ainsi dire, d'occuper un même point; étant incompatibles entre eux, ils s'imposent mutuellement l'inexistence: ainsi lorsque l'un d'eux est l'étant, les autres se trouvent nécessairement être des non-étants. Voilà pourquoi cette nécessité ne peut disparaître que si tous renoncent de la même manière à être l'étant, car si un seul est l'étant, tous doivent par nature aspirer à l'être. Aussitôt cette nécessité disparue, une explicitation, autrement dit le fait que chacun apparaisse dans sa puissance, devient possible;
| l'espace s'ouvre et l'aveugle nécessité de l'inexistence 233
réciproque devient un rapport de libre solidarité.

Tout cela est pour soi assez évident; mais alors la question se pose: comment se peut-il que tous ensemble renoncent à être l'étant?

Il est tout à fait évident que rien au monde ne peut renoncer à être l'étant si ce n'est relativement à quelque chose de supérieur. De même que le cœur de l'homme se sent en droit en quelque sorte de nourrir des désirs égoïstes, aussi longtemps que sa nostalgie, ses aspirations et le vide intérieur qui le consume ne se trouvent pas comblés par un bien supérieur, de même encore que l'âme ne se pose et ne s'apaise que lorsqu'elle reconnaît qu'il existe au-dessus de soi quelque chose qui la remplit d'une joie débordante, de même la soif et le désir aveugles de la nature primordiale se taisent devant un principe supérieur, face auquel ils se reconnaissent volontiers comme étant le simple être, le non-*étant*.

S'y ajoute le fait que ce renoncement et cette retombée dans l'être doivent être volontaires. Or, il n'existait jusque là dans cette nature primordiale qu'une pulsion irrésistible, un mouvement irréfléchi. Tant que cette nature ne se trouve pas posée hors de ce mouvement involontaire, on ne saurait concevoir en elle la moindre liberté. Incapable de se soustraire par elle-même à ce mouvement, elle ne peut l'être que par un autre, et assurément par un être qui lui est supérieur. Et comme ce mouvement involontaire reposait sur la nécessité de l'inexistence réciproque, elle ne peut être libérée de ce mouvement qu'au prix d'une séparation, d'une explicitation qui se produit sans qu'elle y soit pour rien, ce qui lui donne la possibilité ou bien d'accepter cette séparation et de s'arracher à ce circuit, ou bien de la refuser et de devenir à nouveau la proie de cette soif et de ces désirs aveugles.

La délivrance et la rédemption ne peuvent donc de toute façon lui venir que d'autre chose, de quelque chose d'extérieur, qui soit tout à fait indépendant et supérieur à elle; étant donné en effet que, par rapport à ce quelque chose, elle doit se reconnaître comme être pur et non-*étant*, elle ne peut le faire sans reconnaître en même temps dans cette autre chose son véritable étant.

234 | Quant à savoir ce que sera cette autre chose, c'est naturellement le prochain objet de notre étude.

Avant tout, il est clair qu'il ne saurait s'agir de quelque chose qui pourrait être posé dans une succession continue (*in actu continuo*, pour ainsi dire) par cette nature éternellement commençante comme une puissance qui lui appartiendrait. Il doit bien plutôt s'agir de quelque chose qui est en dehors et au-dessus de toute puissance, de quelque chose qui est en soi dépourvu de puissance. Cela ne peut pas davantage être une soif, un désir ou une nature, comme c'est le cas de l'autre, car, ici, cela n'aiderait en aucune manière : bien plutôt, ce quelque chose doit être libre de tout désir et dénué de toute soif comme de toute nature.

Mais c'est aussi précisément pour cela qu'il ne peut s'agir d'un être nécessairement effectif et même, puisque nous ne connaissons encore rien qui relève d'une effectivité libre, d'un être effectif en général. Et, pourtant, ce ne peut être non plus un être dénué de toute effectivité. C'est par conséquent ce qui n'est en soi ni étant ni non-étant, mais seulement l'éternelle liberté d'être.

Toutes les théories supérieures, et les meilleures d'entre elles, sont unanimes à proclamer que ce qu'il y a de plus haut est seulement au-dessus de tout être. Chacun de nous a le sentiment que la nécessité suit l'existence comme son destin. Ce qui est seulement effectif ou aspire à une telle effectivité est pris, de ce fait, dans une contradiction, et la contradiction est la cause de toute nécessité. Un sentiment intérieur nous dit que la liberté véritable, la liberté éternelle ne se trouve qu'au-dessus de l'être[1].

Il semble à la plupart des hommes, à ceux qui n'ont jamais éprouvé cette liberté, que ce qu'il y a de plus haut est d'être un étant ou un sujet, bien que ce mot signifie déjà que tout ce qui n'est qu'un étant, pour autant qu'il l'est, reconnaît quelque chose de supérieur au-dessus de soi. C'est pourquoi ils demandent : que peut-on bien penser au-dessus de tout être ? Que peut être ce qui n'est ni étant ni non-étant ? Et ils se répondent modestement : le néant !

1. *Cf.* un passage similaire dans des fragments : *Die Weltalter*, p. 226 (trad. p. 264).

Oui, il s'agit bien d'un néant, mais comme est un néant la pure divinité, ainsi que l'avait exprimé dans un style inimitable un poète d'une profonde spiritualité :

> *Die zarte Gottheit ist das Nichts und Uebernichts.*
> *Wer Nichts in allem sieht, Mensch glaube, dieser siehts*[1].

235 | La divinité n'est rien, parce que rien ne peut s'ajouter à elle d'une manière qui diffère de son essence, et elle est en même temps au-dessus de tout rien parce qu'elle-même est tout.

Assurément, c'est un néant, mais comme la pure liberté est un néant, comme la volonté qui ne veut rien, qui ne désire aucune chose, à laquelle tous les objets sont indifférents et qu'aucun, du coup, ne met en mouvement, est un néant. Une pareille volonté est tout et rien. Elle n'est rien dans la mesure où elle ne désire pas elle-même devenir active, ni n'aspire à aucune effectivité. Elle est tout, parce que c'est d'elle seulement, comme éternelle liberté, que vient toute force, parce qu'elle a toutes les choses en-dessous d'elle et qu'elle règne sur tout, elle sur qui rien ne règne.

La signification que revêt la négation est généralement très différente selon qu'elle se rapporte à l'extérieur ou à l'intérieur. Car la suprême négation en ce dernier sens ne doit faire qu'un avec la suprême affirmation au premier sens. Ce qui en soi est tout ne peut, pour cette raison, rien avoir en dehors de

1. Ce *geistlicher Sinndichter* est Angelus Silesius (cf. *Cherubinischer Wandersmann*, I, 111, *Sämtliche poetische Werke*, HL. Held (hrsg), München, Hanser Verlag, 1949, Bd. 3, p. 19; *Le pèlerin chérubinique*, trad. C. Jordens, Paris, Cerf, 1994, p. 57 : « La frêle Déité est Néant, Surnéant. / Crois-moi, qui en tout rien ne distingue, Le discerne, Lui » [SB 887, p. 226]). Pour une autre référence à Silesius, cf. *Philosophie de la révélation*, SW XIV, 72.

soi. Toute chose a des propriétés qui permettent de la reconnaître et de la saisir, et plus elle a de propriétés, plus elle est aisément saisissable. Ce qui est le plus grand est rond, sans propriétés. Le goût, c'est-à-dire le don de distinguer, ne trouve rien à goûter au sublime, aussi peu qu'à l'eau puisée à la source. C'est ainsi qu'en un jeu de mots spirituel, un ancien auteur allemand qualifie de pauvre une volonté qui, parce qu'elle se suffit à elle-même, n'a rien qu'elle puisse vouloir[1].

La liberté ou la volonté, pour autant que celle-ci ne veut pas effectivement, constitue le concept affirmatif de l'éternité inconditionnée, laquelle ne peut être représentée qu'en dehors de tout temps, seulement comme l'éternelle immobilité. C'est

1. Bien que Xavier Tilliette renvoie au Pseudo-Tauler (*Archives de philosophie*, n°56, 1993, p. 125n3), nous croyons qu'il s'agit là d'une référence au Sermon 52 de Maître Eckhart : « *Zum ersten sagen wir, daß der ein armer Mensch sei, der nichts will (...). Denn, soll der Mensch wahrhaft Armut haben, so muß er seines geschaffenen Willens so ledig sein, wie er's war, als er (noch) nicht war. Denn ich sage euch bei der ewigen Wahrheit : Solange ihr den Willen habt, den Willen Gottes zu erfüllen, und Verlangen habt nach der Ewigkeit und nach Gott, solange seid ihr nicht richtig arm. Denn nur das ist ein armer Mensch, der nichts will und nichts begehrt* » (cf. *Traités et sermons*, trad. A de Libera, Paris, GF-Flammarion, 1993, p. 349-350 : « Nous disons d'abord que celui-là est un homme pauvre qui ne veut rien (...). Pour posséder vraiment la pauvreté, il faut que l'homme reste aussi vide de sa volonté créée qu'il le faisait au moment où il n'était pas encore. Je vous le dis, en effet, par la Volonté éternelle : tant que vous avez encore la volonté d'accomplir la volonté de Dieu, tant que vous avez encore le désir de l'éternité et de Dieu, vous n'êtes pas pauvres. Car celui-là seul est un homme pauvre qui ne veut rien et ne désire rien »). Ce serait alors la seule référence à Eckhart des *Sämmtliche Werke*, Schelling connaissant pourtant cet auteur, qu'il compare dans un de ses cours... à Fichte (pour son effort titanesque de divinisation du Moi, cf. *System der Weltalter. Münchener Vorlesung 1827-28 in einer Nachschrift von E. von Lasaulx*, S. Peetz (hrsg), Frankfurt, Klostermann, 1990, p. 45n). *Cf.* un passage parallèle dans le tirage de 1811 : *Die Weltalter*, p. 15 (trad. p. 27).

elle que tout vise, c'est à elle que tout aspire. Le mouvement, quel qu'il soit, n'a pour but que l'éternelle immobilité, et tout temps, même le temps éternel, est une soif d'éternité que rien n'apaise.

Toute chose reste au repos, dans la mesure où elle a trouvé dans la volonté qui ne veut rien son essence propre, un point d'appui, une consistance. Dans la vie la plus agitée, dans le plus grand déchaînement de toutes les forces, c'est toujours la volonté qui ne veut rien qui apparaît comme le véritable but.

Toute créature, tout homme en particulier, n'aspire à vrai
236 dire qu'à retourner à | l'état de non-vouloir; non pas seulement celui qui s'éloigne de toute chose désirable, mais aussi, encore qu'à son insu, celui qui se laisse aller à tous ses désirs, car ce dernier n'est en quête lui aussi que de cet état où il n'aura plus rien à vouloir, bien que cet état fuie devant lui et s'éloigne d'autant plus qu'il met plus d'ardeur à le poursuivre [1].

On a coutume de dire que la volonté de l'homme est son Royaume des cieux, ce qui est vrai si l'on entend par là la volonté pure, nue, simple. L'homme en effet qui serait transposé dans sa volonté pure, serait seul libre par rapport à toute nature.

Cet être sans nature, qui est ce à quoi l'éternelle nature aspire, n'est donc ni un être, ni un étant, ni leur contraire, mais l'éternelle liberté, la volonté pure, non pas la volonté qui a quelque chose en vue, par exemple se manifester, mais la pure volonté sans soif et sans désir, le vouloir en tant qu'il ne veut rien effectivement. Nous avons déjà caractérisé ce qui est le plus haut comme la pure indifférence, celle qui n'est rien et qui

1. *Cf.* un passage identique dans le deuxième tirage des *Weltalter*, p. 134 (trad. p. 159).

est pourtant tout ; elle n'est rien, comme n'est rien la pure joie qui ne se connaît pas elle-même, comme les sereines délices, comblées d'elles-mêmes et qui ne pensent à rien, comme la calme intimité qui ne s'assume pas soi-même et ne se rend pas compte de son non-être. Elle est la simplicité suprême, elle est moins Dieu que ce qui en Dieu est la divinité même : elle est par conséquent ce qui se tient au-dessus de Dieu, cette sur-divinité dont quelques auteurs anciens avaient déjà parlé [1]. Elle n'est pas la nature ou la substance divine, mais la dévorante intensité de la pureté, dont l'homme ne peut s'approcher que s'il possède en lui la même limpidité. Puisqu'en elle tout être se consume comme dans une flamme, nul ne peut l'approcher qui est encore captif dans l'être [2].

Tous s'accordent à dire que, par son ipséité suprême, Dieu est un pur esprit. Mais qu'en disant cela, on conçoive cette idée dans toute sa pureté et sa rigueur, c'est ce dont il est permis de douter.

Certes, les anciens théologiens enseignent expressément que l'on ne range pas Dieu dans une classe ou une catégorie particulière, par exemple celle des prétendus esprits purs, quand on dit de lui qu'il est esprit ou bien qu'il ne l'est que par
opposition aux choses de la nature. Dieu | est au-dessus de tout **237**
esprit, il est l'esprit le plus spirituel, un souffle pur et insaisissable, pour ainsi dire l'esprit de tous les esprits. La spiritualité de Dieu coïncide donc dans cette mesure avec la simplicité de son être.

1. *Cf.* Angelus Silesius, *Cherubinischer Wandersmann*, I, 15, *Sämtliche poetische Werke*, Bd. 3, p. 8 ; *Le pèlerin chérubinique*, p. 35 : « La Sur-Déité / Ce que l'on dit de Dieu ne me suffit toujours pas. / La déité dépassée : voilà ma vie, ma lumière » (trad. modifiée).

2. *Cf.* un passage similaire : *Die Weltalter*, p. 16 (trad. p. 28).

Selon la propre doctrine de ces théologiens, aucune forme d'opposition n'est compatible avec cette simplicité, pas plus que le fait d'attribuer quoi que ce soit à la divinité d'une manière qui différerait de son essence.

D'après cette doctrine, on ne saurait dire à proprement parler de la divinité qu'elle est bonne, car cela reviendrait à dire que le bien s'ajoute à son être comme quelque chose de différent. Mais la bonté est son être même, elle est essentiellement bonne, et, dans cette mesure, elle est moins bonne qu'elle n'est la bonté même. De la même manière, Dieu n'est pas à proprement parler éternel, mais il est lui-même son éternité. A la divinité pure on ne peut attribuer aucune opération distincte de son essence; une pareille opération se rapporterait à l'essence comme la possibilité à l'effectivité; mais il n'y a rien en Dieu qui soit potentiel, il est un acte pur. C'est ainsi qu'on ne peut pas à proprement parler dire de la divinité qu'elle est consciente, car ce serait présupposer une différence entre elle-même et une chose dont elle serait consciente, alors qu'elle est une conscience parfaitement pure, que rien n'existe en général d'autre qu'elle-même et que tout se trouve épuisé dans son essence. Selon cette même doctrine, on ne peut pas dire de la divinité en soi qu'elle est voulante, puisqu'elle est la volonté, la pure liberté mêmes; et pour cette même raison, elle est aussi non voulante. De cette doctrine découle enfin l'antique proposition, qui ne peut paraître étrange qu'aux parfaits ignorants, selon laquelle la divinité en soi-même n'est ni n'est pas ou, encore que cette tournure soit moins heureuse, qu'elle est tout autant qu'elle n'est pas. Elle n'est pas, en ce sens qu'on ne peut lui adjoindre l'être comme quelque chose qui serait différent de son essence, car elle est elle-même son être, et cependant on ne peut lui refuser l'être, et cela précisément parce qu'en elle celui-ci est l'essence même.

Vouloir qu'il suive de cette prétendue preuve ontologique de l'unité de l'être et de l'essence que Dieu est un être nécessairement existant, c'est assurément ne pas comprendre cette idée. Car le concept d'étant implique en soi une différence
| d'avec l'être, différence qu'on nie quand il s'agit de Dieu : 238
comme l'indique une antique sentence, celui qui est l'être même n'a pas d'être (*ejus quod est Esse, nullum est Esse*[1]).

Dieu, en sa plus haute ipséité, n'est pas un Être nécessairement effectif, mais l'éternelle liberté d'être[2].

Il est cependant tout aussi évident que cette unité de l'essence et de l'être (qui se présente ici d'elle-même comme l'expression de la plus haute spiritualité) n'épuise nullement tout le concept du Dieu vivant. La science pas davantage que le sentiment ne peuvent se satisfaire d'un Dieu qui n'est pas parce qu'il est l'Être même, qui n'est pas vivant parce qu'il est la vie même, qui n'est pas conscient parce qu'il est pure conscience. L'un et l'autre exigent un Dieu qui existe encore, selon une modalité particulière, différemment de son essence, qui n'est pas simplement du fait de son essence, mais qui possède le savoir expressément et de manière particulière, dont l'agir ne s'épuise pas dans son essence, mais est effectivement à l'œuvre, à savoir selon une modalité distincte de son essence.

Mais, cette remarque nous fait courir le risque d'empiéter sur ce qui ne doit devenir évident qu'au terme d'un développement progressif. Bornons-nous à remarquer combien le fil de

1. Alain de Lille, *Theologicae regulae*, XV, PL 210, 629 C. Nous devons cette référence au très savant Jad Hatem.

2. Cf. *Philosophische Entwürfe und Tagebücher*, Bd. 1, 1809-1813, p. 107 : « Dieu ne *doit* pas exister. Il est libre de passer de son ineffectivité à l'effectivité ».

la tradition spirituelle et doctrinale a été coupé à notre époque et quelle ignorance des concepts anciens s'est répandue : c'est au point que certains se sont trouvé poursuivis au prétexte qu'ils soutenaient qu'aucun être ne pouvait être attribué à la divinité eu égard à son plus haut concept, alors que cette doctrine avait cours depuis les temps plus anciens, et au point également que d'autres ont cru bon de combattre cette unité de l'être et de l'essence, alors qu'une nouvelle fois on l'enseignait avec une parfaite rigueur et avec la conclusion qui en découle, à savoir que la divinité n'est en soi-même ni étant ni non étant : on l'a alors fait sans pressentir que l'on s'attaquait par là à ce qui est en elle la plus ancienne assise de la spiritualité divine et sans savoir qu'il n'y a pas de plus ancienne doctrine que celle qui dit de Dieu qu'il est le supra-effectif, le sur-étant (τὸ ὑπερόν), ce qui donc dépasse en sublimité l'être et le non-être[1].

Mais pour revenir cette fois au contexte de notre recherche,
239 il ressort de ces remarques que le concept de ce | qui n'est ni étant ni non étant, que cet état sans nature que nous posons en dehors et au-dessus de la nature éternelle, ne fait qu'un avec le concept que l'on a depuis toujours regardé comme le plus haut concept de la divinité.

Rien n'accède à l'existence effective par la simple nécessité de sa nature, que ce soit en Dieu ou en dehors de lui (c'est là une chose démontrée). C'est pourquoi nous avons

1. Ces lignes constituent une des prises de position les plus claires et les plus explicites de Schelling relativement à la querelle de l'athéisme et aux poursuites engagées contre Fichte (le rescrit du duc de Saxe du 29 mars 1799 l'ayant amené à quitter Iéna). Quelques références ironiques au vocabulaire de Jacobi (*ahnden*) laissent supposer que Schelling regarde ce dernier pour responsable des déboires de l'auteur de la *Doctrine de la science*.

dû admettre qu'il existe, en dehors et au-dessus de cette nécessité en Dieu (qui constitue dans les trois puissances l'éternelle nature), encore autre chose, à savoir l'éternelle liberté, la volonté pure. Ou, sous une autre tournure : nous avons dû reconnaître dans le Dieu effectif et vivant une unité de la nécessité et de la liberté.

Il nous incombe tout d'abord d'exposer comment cet être supérieur réconcilie les termes de la contradiction, autrement dit comment l'être aveugle en conflit avec lui-même peut être délivré de la nécessité.

En premier lieu, cet être supérieur lui donne la possibilité d'advenir à l'être, étant donné, d'une part, que ce n'est que lorsqu'il se trouve confronté à quelque chose de supérieur qu'il peut renoncer à être l'étant et que, d'autre part, cet étant n'a aucun être et qu'il est donc seulement relativement étant, puisque pour lui c'est un autre qui est l'être. Car bien qu'en soi-même, il ne soit ni étant ni non-étant, il ne peut se comporter envers tout le reste que comme l'étant. Cela ne veut pas dire qu'il soit supprimé comme ce qui en soi n'est ni n'est pas, mais qu'il est étant pour autant qu'il n'est ni l'étant ni le non-étant.

Mais cette vie éternellement commençante porte en elle le désir d'échapper à ce mouvement involontaire et au tourment qu'il fait naître, et par sa simple présence, sans le moindre mouvement (car c'est encore là le pur vouloir lui-même), le terme supérieur éveille en lui, comme par magie, l'aspiration à la liberté. Cette soif s'adoucit en nostalgie, le désir sauvage se résout en aspiration à s'unir à la volonté qui ne veut rien ou à l'éternelle liberté comme à sa propre ipséité, à l'ipséité véritable, à l'ipséité suprême.

Or cette nature prise de nostalgie n'entretient aucune relation avec cet esprit pur, si ce n'est que celui-ci est la liberté d'être et, dans cette mesure, l'étant respectivement | à tout le **240** reste (τὸ Ὄν). Elle recèle en soi en revanche la possibilité de se poser par rapport à lui comme l'être, comme le sujet (au sens propre du terme), de devenir pour ainsi dire le matériau de son effectuation.

En vérité, il n'y a ici qu'une seule différence : la nature n'est capable d'une relation immédiate à l'esprit insaisissable qu'en vertu de ce qui en elle-même est esprit, est libre et se trouve élevé aussi bien au-dessus de l'étant (A^2) que du non-étant ($A = B$). Car seul ce qui est soi-même libre de toute opposition peut se rapprocher de ce qui est pur de toute contradiction. Or, celui-ci (le A^3) se rattache à ce qui est le plus bas ($A = B$) non pas immédiatement, mais par un intermédiaire (A^2). La nature éternelle doit donc, pour entrer en relation avec le sur-étant, atteindre cet état dans lequel le libre en elle s'élève au-dessus du reste et devient le sujet immédiat de l'esprit en soi insondable, tandis que chacun des deux autres principes vient s'établir à la place qui lui revient : la première puissance à la place la plus basse, la deuxième à la place intermédiaire et la troisième tout en haut.

Tel est l'effet naturel de toute nostalgie que ce qui s'apparente à l'élément supérieur s'élève, tandis que ce qui lui est le moins apparenté et entrave cette élévation[1] s'amoindrit et s'abaisse dans la profondeur. C'est seulement à la vue de ce qu'il y a de plus haut que chaque principe découvre la place qui lui convient ; c'est là le seul critère. Rien de ce qui est inférieur,

1. *Erhebung*. Il s'agit d'un des mots schellingiens par excellence. Il signifie à la fois *élévation* et *soulèvement, insurrection*. Sur la centaine d'occurrences de ce terme dans les *Sämmtliche Werke*, *cf.* notamment SW I, 197-198 ; V, 117 ; VII, 363 ; VIII, 8 (pour le sens d'"élévation") et SW VII, 365 ; XII, 193 (pour le sens de "soulèvement", d'"insurrection").

mais seul l'être réceptif à ce qui se tient le plus haut, peut prendre part à ce qu'il est sans séparation en soi-même, sans abaissement de la partie de moindre valeur (laquelle, étant pour soi-même incapable d'entrer en relation avec le plus haut, ne peut établir avec lui une liaison conductrice[1] qu'en laissant libre le terme supéricur) ct élévation simultanée de cette partie destinée par nature à se trouver en rapport immédiat avec ce qu'il y a de plus haut. Cette séparation, cette désolidarisation intérieure, œuvre de la vraie nostalgie, est la condition première de tout rapport avec le divin.

Ce déclenchement de la nostalgie dans la nature éternelle marque un nouveau moment, qui mérite, de ce fait, | qu'on le 241
considère longuement. C'est ce moment que l'ancien monde, riche de pressentiments, désignait comme celui de la division de l'œuf du monde, entendons par là justement cette roue fermée, ce mouvement impénétrable et incoercible. C'est le moment où le céleste et le terrestre se sont séparés pour la première fois.

La cause d'une telle crise n'est pas à chercher dans la volonté ou l'agir de cet être parfaitement pur : la nature éternelle aperçoit avant tout en lui ce vis-à-vis de quoi elle peut se changer en être, en pur et simple exprimable et donc renoncer du même coup, en toutes ses forces, à être l'exprimant, l'étant ; cet être parfaitement pur éveille ensuite en lui le désir nostalgique d'échapper à ce circuit éternel et de parvenir à la consistance et au repos ; en troisième lieu enfin, ce principe suprême est le critère qui fait connaître au principe inférieur son infériorité et au supérieur sa dignité. Mais la nostalgie ne constitue

1. *Leitende Verbindung* : même expression dans *Die Weltalter*, p. 164 ; trad. p. 190 et plus loin ici en SW VIII, 290.

encore que le commencement et le premier effort intérieur (*nisus*) vers la séparation; c'est seulement lorsque la relation avec le plus haut s'établit effectivement grâce à ce commencement intérieur, qu'elle se trouve pour la première fois confirmée. Elle ne s'impose ensuite durablement que lorsque la nature éternelle, délivrée grâce à la confirmation de cette séparation elle-même, devient à même de se *décider*: obéissant à une volonté ou à une décision éternelles, la nature s'unit alors, inséparablement et à jamais, à ce qui est le plus élevé comme à son sujet immédiat et devient pour lui un être permanent, un soubassement durable. L'éternelle nature ne devient par là ni moins vivante ni moins étante: en s'élevant à une véritable vie d'ordre et de félicité, elle devient un être relativement au principe suprême.

Une chose, en effet, ne s'épanouit que lorsqu'elle occupe le lieu qui lui convient. Ce qui est en-dessous, lorsqu'il laisse être librement ce qui se tient au-dessus de lui, s'en rend également libre et acquiert par là l'indépendance qui lui revient, qui lui est propre. A l'inverse, le supérieur ne peut se déployer librement qu'en s'élevant au-dessus de ce qui lui est inférieur et en venant occuper le lieu qui lui revient.

La séparation repose en premier lieu sur le fait que, puisque chaque élément devait être l'étant, autrement dit se trouver en un seul et même lieu, en une seule et même place, le rapport à cette unité infrangible et inexprimable se transforme
242 en rapport à la totalité. Elle repose donc sur le fait que | cet être aveugle et nécessaire et qui aspirait à être l'Un alors qu'il en était incapable, se trouve réduit à être le Tout.

C'est ainsi que, dans cette séparation et cette soumission qui ne se sont pas opérées une fois pour toutes, mais continuent à se produire éternellement et à chaque instant, l'être ténébreux, impénétrable et imprononçable devient le Tout.

Mais pour ce qui est des choses particulières, nous dirons que ce qu'il y a de plus haut dans la nature éternelle et qui en elle-même est libre et analogue à l'esprit (A^3) se trouve érigé en sujet immédiat de la pure divinité. Quant aux deux autres puissances, qui n'étaient originairement que la condition ou pour ainsi dire le chemin qui mène à ce qu'il y a dc plus haut (A^3), elles se posent, pour autant qu'elles se distinguent de lui et du fait même de leur abaissement, dans leur liberté et leur indépendance, comme la base et, en quelque sorte comme la matière première de tout ce qui diffère du sujet divin, comme la demeure et le séjour éternels de la créature (Mayon, Psaume 90, 1[1]), comme ce qui tient éternellement le milieu entre Dieu et les êtres créés. Mais, d'autre part, en tant qu'élément extérieur, c'est aussi la première apparition visible de Dieu, comme cette gloire et cette majesté dont le sujet divin (A^3), et indirectement la divinité invisible, se revêt aux yeux de la créature.

Telle est de toute éternité la part qui revient à la créature : puisqu'elle ne peut vivre dans le pur feu de l'esprit, elle ne repose par rapport à lui que sur un soubassement passif, alors qu'elle est à l'intérieur pleine de force et de vie. Il est donc nécessaire de se représenter une matière originaire, première et indépendante de Dieu à certains égards, quand bien même la créature n'aurait pas émané de l'essence de la pure et libre divinité ou n'aurait pas été produite par elle, ce qui supprimerait toute liberté de la créature à l'égard de Dieu. Toutefois cette matière originaire doit être conçue, non comme ayant

1. Cf. *Psaume* 90 (91), 1 : « Quand je me tiens sous l'abri du Très-Haut / Et repose à l'ombre du Puissant / Je dis au Seigneur : "mon refuge, / Mon rempart, mon Dieu, dont je suis sûr !" ».

existé de toute éternité, mais comme étant devenue telle par subordination et abaissement dans un mouvement éternel, ce qui fait disparaître les difficultés qui s'opposent à la représentation d'une matière éternelle dans d'autres systèmes où le caractère successif des idées en arrive à être oublié.

243 | Mais bien que les deux premières puissances ne constituent qu'un matériau et un soubassement pour ce qu'il y a de plus haut (A^3), elles n'en adoptent pas moins entre elles un rapport approprié, de telle sorte que la première (la force éternelle de négation) se place au rang le plus bas, tandis que celle qui lui est opposée (dans laquelle le spirituel se manifeste et la force de négation se trouve refoulée) apparaît comme le terme relativement supérieur.

Il est certes dans l'ordre des choses que ce qui semblait être la négation de toute révélation, la force qui conduisait Dieu à se refuser et à se reclure en soi, soit précisément posé comme le fondement de toute révélation et qu'il soit désormais confirmé que cette force constitue effectivement le premier échelon et le soubassement de la vie immortelle.

Ce qui est le plus profond et par conséquent le plus bas, ce qui se trouve posé hors de cette inexprimabilité et devient manifeste, constitue cette force du commencement qui attire l'être à elle ou en elle et le rejette dans la latence. Le texte original de l'Écriture appelle le ciel et la terre « l'expansion de la force divine » [1], signifiant par là que l'ensemble de l'univers visible aurait autrefois reposé dans cette négation, d'où il ne serait sorti qu'à la faveur d'un déploiement plus tardif. Mais,

1. *Is*. 45, 12 : « C'est moi qui ai fait la terre – et qui ai créé sur elle l'homme. / C'est moi dont les mains ont étendu les cieux – et qui commande à toute leur armée ».

précisément à cause de cela, le monde se trouve toujours dans la négation et cette négation originaire est maintenant encore la mère et la nourrice de tout l'univers qui s'offre à nos yeux.

Cette force du commencement, une fois posée dans l'exprimable et l'extériorité, est donc le germe originel de la nature visible, à partir de quoi elle s'est développée dans la suite des temps. La nature est un abîme de passé, mais c'est là ce qui est le plus ancien en elle, ce qui est aujourd'hui encore le plus profond, et qui demeure, une fois retiré tout ce qui est accidentel et produit par le devenir. Telle est précisément cette constante inclination à enfermer en soi l'essence et à la placer dans l'ombre.

La véritable force originaire et fondamentale de tout le corporel est l'Être qui, en l'attirant à soi, lui donne une figure, délimite le lieu qu'il occupe et revêt d'un corps ce qui est en soi spirituel et insaisissable. Il est vrai que ce qui est spirituel et insaisissable contredit continuellement ce qui est corporel et se révèle être un principe qui spiritualise et volatilise les choses, un Être hostile à toute limitation; il n'apparaît cependant
partout | qu'issu d'une négation originaire, tandis que la force 244
d'attraction se donne à voir comme son point d'ancrage, son fondement proprement dit.

Cette inclination (à enfermer l'Être) est reconnaissable jusque dans ces expressions du langage courant: la nature se soustrait au regard, elle nous cache ses secrets; ce n'est que contrainte par une puissance supérieure qu'elle laisserait sortir de son retrait primordial tout ce qui sera. En réalité, dans la nature tout devient par développement, c'est-à-dire sous l'effet de la contradiction constante d'une force d'enveloppement ou de renfermement et, si elle avait été abandonnée à elle-même, elle aurait conduit tout ce qui existe à cet état de totale négation.

En soi-même, la nature est pareille à Penia faisant son apparition au festin de Zeus; sous un extérieur de pauvreté et d'extrême indigence, elle renferme intérieurement une divine plénitude, qu'elle ne peut cependant pas manifester avant de s'être uni à la richesse, à l'excédent, à l'Être surabondant et inépuisablement communicable (A^2)[1]. Et même alors ce qui s'arrache à son sein, sous la forme et comme sous la pression de cette négation originaire, apparaît comme un enfant bâtard de l'indigence et de l'excédent.

La nature se rattache donc par son fondement à ce qui est aveugle, obscur et inexprimable en Dieu. Elle est ce qui est premier, le commencement dans la nécessité de Dieu. La force d'attraction, mère et réceptacle de toutes les choses visibles, est la force éternelle, la puissance même, qui, posée au-dehors, devient visible dans les œuvres de la création. La nature n'est pas Dieu, mais appartient à ce qui est nécessaire en lui. A strictement parler, en effet, Dieu ne peut être dit tel qu'en vertu de sa liberté. Et davantage encore : la nature n'est qu'une partie, une puissance de cette nécessité. Mais, Dieu peut seulement être appelé le tout, et cela n'est plus même le cas quand il est devenu Tout à partir de l'Un et s'est pour ainsi dire détaché de la divinité.

Les systèmes qui prétendent expliquer l'origine des choses en partant d'en haut en viennent presque nécessairement à penser que les émanations de la force primitive suprême
245 atteignent, à un moment ou à un autre, un point extrême | en deçà duquel il ne reste rien, sinon une ombre d'essence, une part infime de réalité, qui ne peut encore être dite étante qu'à un certain point de vue, alors qu'à proprement parler, elle n'est

1. *Cf.* Platon, *Le banquet*, 203b.

pas. Voilà ce que signifie le non-étant pour les néo-platoniciens, qui ne comprenaient plus ce qu'il voulait dire pour Platon. Quant à nous, qui suivons la direction opposée, nous reconnaissons nous aussi l'existence d'un terme extrême, au-dessous de quoi il n'y a rien, mais ce n'est pas pour nous quelque chose d'ultime, c'est au contraire quelque chose de premier, où tout commence, un commencement éternel, non pas une simple privation ou un manque d'Être, mais une négation active[1].

Mais si la nature en arrive à cette grande décision de s'exprimer, ce n'est pas simplement parce qu'elle accède à sa propre puissance, mais c'est aussi parce qu'à la faveur du rapport dans lequel elle entre désormais, la contradiction qu'elle porte en elle et que, jusqu'à présent nous n'avons pas remarquée, précisément parce que nous avions constamment le tout devant les yeux, se trouve apaisée.

Car cet Être réprimé par la force de négation n'est pas aussi silencieux et mort que nous semblions l'admettre jusque là. Il est insensible à lui-même, mais, confiné et saisi par la force d'attraction, il s'éprouve lui-même comme un Être spirituel, affirmatif et, plus il est réduit au confinement, plus il presse, conformément à sa nature, vers le dehors. Mais la force de négation ne cède pas. Si elle pouvait céder, tout reviendrait en arrière, car elle est la force du commencement.

Cette première puissance ne se trouve donc pas seulement embrouillée dans cet état de contradiction universelle dans lequel nous avons aperçu le tout, mais c'est aussi en elle-même qu'elle porte une contradiction, et c'est en elle, en tant qu'on

1. *Cf.* un passage similaire dans les brouillons traduits par P. David (*Die Weltalter*, p. 230; trad. p. 268).

la considère pour elle-même, que réside le fondement d'un mouvement rotatoire. Elle sent en elle l'existence de cet Être réfractaire et ne peut pourtant pas l'enfanter, car l'un et l'autre sont encore équipollents ; c'est sa loi qui lui prescrit de demeurer en place, de toujours maintenir fermement le spirituel et de conserver de la sorte le fondement du progrès éternel. Mais plus elle attire cet Être dans les profondeurs, plus celui-ci résiste ; comme tout ce qui est d'une nature expansive, il tend d'autant plus puissamment à s'étendre qu'on le comprime davantage.

246 | Comme elle unit en elle des forces antagonistes, dont l'une tend vers l'extérieur et l'autre est refoulée au-dedans, la vie de cette première puissance est une vie de contrariété et d'angoisse, puisqu'elle ne sait de quel côté aller et qu'elle devient du même coup la proie d'un mouvement tournant involontaire.

Mais tout se languit de l'être permanent. Rien ne veut persévérer dans la contradiction. Or tel est aussi le cas de cette puissance du commencement. Elle ne peut cependant échapper pour soi à la contradiction, car c'est sa nature d'être contradictoire. La seule aide qu'elle puisse espérer serait que cette alternance de rapports mutuellement exclusifs qui l'unit au principe supérieur (A^2) se transforme en rapport organique, ce qui est cependant impossible dans l'équivalence primordiale, les deux puissances, qui soulèvent la même prétention à être l'étant, aspirant pour ainsi dire à se trouver en un seul et même point. Mais si le principe de négation ($A = B$) reconnaît qu'il n'est lui-même que la puissance de l'Être et fait ainsi place à l'autre principe opposé (au A^2), celui-ci peut alors lui venir en aide et le délivrer de la contradiction, étant donné qu'il est par nature ce qui lui permet de s'ouvrir et de se libérer. Si donc cet autre principe existe, le premier doit, pour cette raison précisément, demeurer lui aussi, afin qu'il y ait quelque chose à quoi il puisse permettre de s'ouvrir et de se libérer; et ce rapport d'équivalence d'abord exclusif, se transforme en un enchaînement nécessaire, étant donné que, si l'un existe, l'autre, précisément par là, est aussi.

Sans puissance de négation, il n'y aurait pas de fondement qui permettrait à la puissance d'affirmation, à la puissance d'ouverture d'exister. Mais, inversement, c'est cette dernière qui donne à l'autre sa consistance. Car la force de négation peut désormais opérer en toute tranquillité et refouler l'être toujours davantage; en tant qu'antécédent (*antecedenter*), l'étant est toujours enchaîné; ce n'est qu'en tant que conséquent que, sous l'effet d'une puissance supérieure, il est délivré. Il n'y a rien de contradictoire à ce que ce qui s'est trouvé enfermé à un moment donné soit libre au moment suivant: il faut d'abord avoir été enclos dans certaines limites pour pouvoir en être libéré. La force de renfermement, loin de se trouver supprimée, est bien plutôt confirmée dans son existence, par le fait qu'une autre force qui lui fait suite vient déli-
vrer ce qui | se trouve enfermé. Il apparaît ici en premier lieu un 247
avant et un *après*, une véritable articulation et, par là-même, un apaisement. La force qui attire les choses à ou en soi n'est ressentie comme force de commencement qu'en tant qu'elle est surmontée par le principe qui la suit; et c'est alors seulement qu'elle reconnaît ce qui maintenant est libre comme ce qui la précède nécessairement (comme son *Prius*), comme son premier fondement et son premier support, et qu'elle l'aime comme la condition, et, pour ainsi dire, comme le contenant dans lequel elle se répand.

Quelque chose de semblable, et au fond d'absolument identique, pourrait nous servir à éclairer ce rapport. Il y a longtemps, on a essayé de présenter la matière comme le produit de deux forces, celles qui étaient apparues comme les forces originaires de toute vie : la force d'attraction et la force d'expansion[1]. Mais on n'a encore jamais compris comment, si l'on supposait ces deux forces équipollentes (ou d'une même puissance), pouvait résulter de leur choc quelque chose de saisissable et de consistant. Car, à supposer que les deux forces sont aussi puissantes ou que l'une a la prépondérance, elles devraient à chaque fois se supprimer mutuellement (comme deux poids égaux sur un levier), étant donné ce que l'on présuppose ou la plus forte supprimerait la plus faible. Dans le premier cas, il ne resterait rien de tangible, tandis que, dans le second, seule demeurerait la force la plus puissante dans tout son excès, sans que, là encore, quoi que ce soit de corporel ne soit apparu. On ne peut rien changer à cela à moins d'admettre ici aussi un rapport d'antériorité et de succession (un *Prius* et un *Posterius*, une différence de puissance) entre les forces. Mais si l'état d'enveloppement ou d'engloutissement en soi de la force d'expansion sous l'effet de la force d'attraction est ce qui précède et qu'une puissance indépendante de la première vient ensuite surpasser, alors, pour la première fois (puisque chaque force demeure dans son être et son essence), un produit doit apparaître, qui, comme la matière, se tient à mi-chemin entre la totale réclusion en soi et l'expansion complète.

Ainsi, cette puissance du commencement, qui, pour soi, est instable et dépourvue de consistance, en reçoit une de son rapport organique à la puissance supérieure. Mais, même
248 dans ce rapport organique, | elle est d'abord posée à travers la séparation, puisque l'Un originaire devient le Tout et que

1. Allusion de l'auteur à ses propres recherches en philosophie de la nature, inspirées du Kant des *Premiers principes métaphysiques de la science de la nature*.

chacun des principes entre dans sa propre puissance, dans le rapport adapté à sa nature particulière.

Aussi l'autre principe, qui est pour ainsi dire le sauveur et le libérateur de la nature, doit-il être, en tout cas, extérieur et supérieur à cette dernière et se comporter déjà envers elle comme le spirituel envers le corporel, mais comme un spirituel pour qui la nature constitue le plus proche échelon et qui est capable d'entrer avec elle dans une relation immédiate.

Le langage du peuple désigne la terre comme le lieu où ce qui est essentiel se trouve réprimé et enchaîné et appelle ciel la contrée où il repose librement dans sa propre essentialité. Si donc la puissance du commencement, reposée dans l'être et dotée d'une consistance, devient le germe primitif de la nature visible à venir, on peut dire sans risque d'erreur que cette puissance supérieure, dans laquelle l'essence est bien plutôt manifeste et la force de négation cachée, une fois reposée dans l'être, ne représente pas autre chose que le matériau originaire de la pure essentialité céleste, l'assise et, pour ainsi dire, la première matière du futur monde des esprits. Car, bien qu'elle soit elle aussi comme un esprit pur et une vie pure par rapport à la puissance inférieure et qu'elle soit même ce qui en révèle toutes les merveilles, cette puissance supérieure peut sombrer et devenir le matériau d'une puissance encore plus haute, et se trouver dotée de propriétés passives. Et malgré ce qu'il peut y avoir d'étrange à dire que le monde des esprits doit lui aussi avoir une matière ou une base, il n'en reste pas moins vrai que rien ne peut réellement exister en dehors de Dieu qui n'ait été créé à partir d'un soubassement distinct de sa suprême ipséité.

Que ce soient des influences célestes qui supportent et régissent toute vie terrestre, et que si ces influences venaient à cesser, il en résulterait bientôt un blocage de toutes les forces et un mouvement régressif qui affecterait toute vie, voilà ce

dont nous convainquent aussi bien les recherches les plus éminentes que l'observation répétée tous les jours. L'air, l'eau et tous les éléments ne sont que des instruments inintelligents dont l'ordonnancement et l'accord intime ne peuvent être maintenus que par une cause primordiale qui en diffère et les surpasse, et qui, pour cette raison, a reçu des anciens le nom de
249 quintessence[1]. | A quel point les forces subordonnées sont pour soi impuissantes, nous en avons la preuve dans ces années où les récoltes sont partout mauvaises sans que pourtant soit apparu, dans la nature extérieure, le moindre signe avant-coureur et sans qu'il y ait rien eu d'inhabituel dans l'air, la chaleur, la pluie ou le climat. Mais, en fin de compte, ces influences célestes, qui sont comme la continuelle médication de notre terre et la source de toute vie et de toute santé, nous parviennent, bien qu'à travers tant de membres intermédiaires, de la source originaire de toute vie et représentent les émanations directes ou indirectes du monde des esprits, dont l'essence seule agit sur la nature comme un souffle vivifiant : sans celui-ci elle serait bientôt prise dans un mouvement régressif et vouée par là au désordre, avant de devenir à nouveau la proie de cette contradiction originelle et de cette inconsistance initiale hors desquelles l'avait posé le rapport organique avec le monde des esprits.

Que le monde des esprits se tient plus près de la divinité que la nature est une croyance unanimement partagée, et l'homme pieux, dans sa piété, emploie toujours l'expression de Socrate qui disait, en mourant, qu'il s'en allait vers Dieu[2].

1. *Die fünfte Wesenheit.* Il s'agit d'un synonyme de *Quintessenz*, chez Paracelse par exemple.

2. *Phédon* 117b-118a.

Voyons sur quoi s'appuie cette conception. Toute cette vie, telle que nous venons de la décrire, n'est que *le chemin qui mène à Dieu*, l'éternel mouvement dont la nature n'est que le commencement. Elle n'est, selon l'intention, qu'une réalisation progressive de ce qui est le plus élevé, chaque stade nous rapprochant davantagc dc la purc divinitc quc cclui qui l'a précédé. Dans cette mesure, on peut dire de l'homme qui passe dans le monde des esprits qu'il va vers Dieu, à la condition qu'il ait bien suivi le *chemin de la vie* (puisque cela s'appelle ainsi) et qu'il n'ait pas, par sa propre faute, inversé la direction en la transformant d'ascendante en descendante.

Il est habituel également d'appeler éternité le monde des esprits, par opposition à la nature. Car si la nature est bien une débutante éternelle, elle n'en est pas moins une débutante et garde ainsi la nature de ce qui est initial, alors que ce qui en soi-même étant (A^2) est, par nature, éternel[1]. Cette éternité ne contredit pas le fait d'être engendré, car, puisque seul ce qui commence peut engendrer, l'éternel lui-même ne peut qu'être engendré.

Mais cette puissance supérieure a-t-elle pour soi une
consistance ? N'y a-t-il | pas également en elle une opposition 250
et par là un fondement pour la contradiction et ce malheureux
mouvement ?

Nous avons admis cette puissance comme un principe dans lequel le spirituel est tourné vers l'extérieur et la force primitive obscure intérieurement posée comme niée. Mais de même que, dans la puissance du commencement, l'être expansif s'efforçait d'échapper à la négation, de même en allait-il pour la force originaire obscurcissante dans la puissance supérieure.

1. Cf. *Die Weltalter*, p. 234 (trad. p. 273).

La deuxième puissance est une essence indépendante, autonome pour soi. En elle se trouve aussi le matériau qui permet de se déployer en un monde propre. Mais la loi à laquelle elle obéit est de refouler la force originaire de négation. Un conflit de directions lui est donc aussi nécessaire, et elle devient elle-même la proie de ce mouvement tourbillonnant qui semble marquer partout la première apparition des forces créatrices.

Même cette deuxième puissance ne peut s'aider elle-même; elle ne peut être aidée que par quelque chose de supérieur. Mais, dans cette première tension exclusive où chacun voulait être pour soi l'étant, elle ne connaît aucun rapport à autre chose en dehors d'elle. Aussi se trouve-t-elle, dans cette grande séparation, sinon dégagée de la contradiction universelle, du moins délivrée de la contradiction interne et dotée d'une consistance. Car, dès qu'elle prend la place qui lui convient, elle reconnaît n'être elle-même qu'une puissance et admet l'existence de quelque chose de supérieur au-dessus d'elle. Elle devient alors un être relativement à cette réalité supérieure, de sorte que celle-ci peut opérer en elle comme dans son matériau ou son élément immédiat. Et puisqu'elle reste toujours elle-même en soi ce qu'elle est, à savoir un *oui* éternel qui retient en lui et dissimule la force de négation, il n'y a rien de contradictoire à ce que ce principe supérieur (A^3) libère en elle la force de négation et lui permette de se déployer intentionnellement et avec pondération en un autre monde. Car sa nature consiste seulement à être un principe originaire d'affirmation dans lequel se trouve enfermée l'obscure force originelle. Ce que l'on exige simplement, c'est que cette force lui tienne lieu de fondement ou de commencement; mais ce qui s'ensuit, loin de supprimer ce premier fondement, en confirme plutôt la nécessité, puisqu'il le présuppose.

Tant que cet Être spirituel était en lutte avec la force de négation originaire, il était contraint d'agir vers l'intérieur, contrairement à sa nature, qui tend à se répandre et s'épancher,
et il n'était pas à même, de ce fait, de prêter | à la nature 251
l'assistance dont elle avait besoin. Ce n'est qu'une fois l'Être affirmatif délivré de la force de négation par une puissance supérieure que le monde des esprits peut se répandre librement et exercer son action vers ce qui se tient au-dessous, autrement dit vers la nature. De cette façon, lorsque le troisième principe est au deuxième ce que celui-ci est au premier, l'harmonie la plus parfaite finit par émerger, et, grâce au troisième principe, le Tout se trouve pour la première fois animé comme par un unique souffle.

Mais ce troisième terme est lui aussi incapable de se donner pour soi une consistance. Aussi longtemps en effet que dominait une aveugle nécessité, qu'aucune explicitation des forces ne se produisait et que la pure essence exempte d'opposition (A^3) ne parvenait à être étant qu'en luttant contre les autres, il devait se tourner vers eux comme un feu dévorant. De même que l'opposition exclut l'unité, l'unité exclut l'opposition. Mais c'est là précisément que se trouvait le fondement de ce mouvement alternant, de cette continuelle revivification de l'opposition et de cet éternel recommencement, car ni l'unité ni l'opposition ne pouvaient être seules, mais il fallait qu'il y eût aussi bien unité qu'opposition.

Si l'unité (A^3) pouvait s'élever et exister hors de l'opposition, celle-ci pouvait à son tour demeurer en dehors de l'unité, sans qu'il y eût contradiction. Mais c'était impossible dans cette équipollence initiale et cette indistinction des principes. Étant donné cependant que le principe libre par nature, mais né de la nécessité, ne pouvait se détacher du principe subordonné, et que la progression libre et vivante de l'inférieur vers le supérieur et du supérieur vers le plus élevé se trouvait de ce fait entravée, il fallait que ce qui ne pouvait aller au-devant de soi réagît et provoque un processus régressif qui aboutissant, comme toujours, à consumer (par le feu) les formations antérieures. C'est ainsi que lorsque, dans les corps organiques, ce qui est subordonné se trouve à ce point intensifié que son opposition à ce qui se tient au-dessus de lui et, avec elle, la liberté de ce dernier, sont supprimées, il se produit une libre combustion spontanée. La différence est toutefois que cette vie, parce qu'elle est en soi immortelle et ne peut en aucun cas ne pas être, renaît toujours de ses cendres tel un phénix. C'est ainsi que naît le cercle éternel que nous avons décrit plus haut.

252 | Or, comme ce qui apparaît en premier ne peut garder sa consistance qu'en maintenant son rapport organique avec ce qui vient en deuxième et celui-ci qu'en établissant un rapport analogue au troisième, tandis que le troisième terme ne peut s'élever à l'acte par ses propres moyens et y parvenir en tant que tel (en tant que plus haute puissance), le tout sombre à nouveau en lui-même et retombe dans l'inconsistance, à moins qu'il ne reçoive du troisième une aide qui lui permette de vivre libre en dehors de l'opposition, comme la calme et sereine unité, dans sa propre limpidité.

Mais cet Être d'origine inférieure émergeant de la nécessité ne peut recevoir d'aide d'une puissance qui appartient elle-même à la nature éternelle. Cette puissance a en effet atteint son point le plus élevé en lui, l'enfant de l'éternité, que le temps, qui ne s'arrête jamais, voulait depuis le début engendrer, afin de s'élever lui-même, par son intermédiaire, à l'éternel. C'est donc ici que se trouve la limite de la nature et de la liberté, du naturel et du surnaturel. Si rien n'existait en dehors de cette nécessité aveugle, la vie demeurerait dans l'état obscur et chaotique d'un mouvement éternel qui, du fait même de son éternité, ne commence ni ne finit jamais. Mais la vision de l'éternelle liberté libère à son tour ce qui se tient le plus haut dans la nature et permet en même temps à toutes les autres forces d'acquérir un être et une consistance, en tant que chacune vient occuper la place qui lui revient : chaque force reçoit ainsi la part de l'influence supérieure dont elle a par-dessus tout besoin, encore qu'elle ne prenne part qu'indirectement au divin.

Or, si nous savons maintenant que c'est dans la première puissance, sous l'action de laquelle l'Être nécessaire s'enfermait en lui-même et se refusait extérieurement, que se trouve le premier fondement de la nature et que, dans la deuxième, qui lui est opposée, se tient le monde des esprits, nous ne pouvons plus douter de la signification de la troisième. Elle est l'âme universelle qui anime l'univers, une âme désormais elle-même pondérée par sa relation immédiate à la divinité et maîtresse d'elle-même. Elle est le lien éternel qui unit aussi bien la nature et le monde des esprits que le monde et Dieu, l'unique organe immédiat dont Dieu se serve à la fois dans la nature et dans le monde des esprits.

| C'est ainsi que le feu sauvage primordial se trouve éteint 253
et réduit à ne plus être qu'un paisible matériau, lequel est peut-être toutefois destiné à être par la suite à nouveau admis et engagé dans un circuit vital plus élevé encore. L'Un devient Tout par rapport à un Un supérieur, l'inexprimable devient exprimable par rapport à ce qui est son verbe ; de l'avant et l'après, du rapport d'exclusion réciproque, émerge un “en même temps”, une parfaite coexistence. En réalité (ce qui n'est pas à négliger), ce qui, dans le mouvement, était le commencement ou le premier, devient maintenant l'inférieur, ce qui était le milieu devient ici aussi le médiateur, ce qui était la fin et le

troisième terme devient le supérieur. Aucun espace ne séparait auparavant les trois principes ; mais, comme ils ont maintenant cessé d'être une seule et même chose (l'étant), un espace apparaît, un haut et un bas véritables émergent. Le lecteur, dont le regard doit toujours suivre la progression, remarquera comment du non-figuré émerge ici pour la première fois quelque chose qui a une figure. Dans ce mouvement sauvage, toute différence était absente, sauf celle, qui dans le corporel, est désignée comme droite et gauche ; il n'existait qu'une seule direction, celle du mouvement de négation, que, dans le visible, nous appelons mouvement de droite à gauche, car ce mouvement était un mouvement qui allait vers l'intérieur ou revenait en arrière et ne s'élevait que pour revenir aussitôt, le mouvement d'affirmation ne revenant quant à lui en arrière que pour s'élever immédiatement après : une telle différence s'éclaire si l'on songe que les muscles extenseurs (autrement dit positifs) sont à l'œuvre dans le mouvement ascendant, tandis que les muscles fléchisseurs (négatifs) agissent dans l'autre sens. Mais dans le mouvement opposé, c'est l'inverse qui est vrai[1].

1. Pour cette théorie physiologique, cf. *Die Weltalter*, p. 38 (trad. p. 53) : « la circulation du sang, ce chaos simplement intériorisé et déjà soumis à des forces supérieures, conserve encore la forme ancienne du mouvement dans le tout comme dans le singulier, et la nature, éprise d'une plus grande quiétude, semble ne rien chercher avec autant de zèle qu'à échapper à ce mouvement et à démêler les forces adverses : c'est qu'elle commence par la merveille de l'articulation – cette merveille d'une indicible sublimité, que nul n'a encore comprise – jusqu'à ce qu'elle réussisse à dissocier les deux forces dans le système du libre mouvement, grâce à l'antagonisme des muscles extenseurs et des muscles fléchisseurs qui, telles des baguettes de sourcier obéissent à la volonté, suivent bien toujours le mouvement rotatoire, mais ceux-là exclusivement en dehors, ceux-ci en dedans ».

Tandis que la vie a si volontiers accepté en soi ce rapport organique et est devenue capable d'une relation au plus haut, elle retombe et devient effectivement, pour la pure divinité, un être. Mais cette divinité, qui n'est, pour et en soi-même, ni étant ni non-étant, devient justement du même coup un étant à l'égard de cette vie qui lui est subordonnée et se trouve en relation avec elle. Elle repose désormais sur la nature éternelle et veille sur elle comme le soleil éclaire la terre ou comme l'oiseau veille sur sa couvée. Que celui qui trouve cette compa-
raison sans noblesse la | confronte aux paroles si expressives 254
de la Genèse 1, 2, en se conformant à leur signification fondamentale. La divinité reconnaît maintenant dans la nature sa propre nature éternelle et, bien qu'elle soit libre à son égard ou qu'elle ne soit ni liée ni enchevêtrée à elle, elle en est cependant désormais inséparable.

Il y a lieu de s'attendre ici à ce qu'éclate un reproche que le lecteur a sans doute depuis longtemps à l'esprit. L'état de contradiction aurait donc précédé le Dieu étant. Dieu ne serait donc pas étant de toute éternité, comme il doit cependant l'être et comme il l'est pourtant selon la croyance universelle. Dans la nature divine, un état chaotique et plein de contradictions aurait précédé le Dieu étant. Il serait en effet bien mauvais pour le fondement de toute notre doctrine que de telles conséquences soient recevables. Aussi répondons-nous : Dieu ne peut jamais *devenir* étant, il l'est de toute éternité. Que faut-il alors en conclure ? Rien, sinon que cette séparation a également existé de toute éternité ; de toute éternité, le nécessaire est subordonné à la liberté. C'est la divinité étante, c'est l'essence surnaturelle de la liberté qui pose cet état originaire de contradiction, ce feu sauvage, cette vie de soif et de désir comme passé ; mais, comme la divinité, étant de toute éternité, n'a jamais à devenir étant, cet état est posé comme un éternel passé, un passé qui n'est pas d'abord devenu passé, mais qui était passé dès même l'origine et de toute éternité.

Pour peu que nous voulions nous engager dans la voie de l'exposé historique, c'est-à-dire scientifique, nous devrions traiter ce que Dieu a en soi en tant qu'éternel passé comme ce qui est premier et effectivement antérieur à Dieu. Considérer qu'il s'agit là de son passé *éternel* ne devrait pas nous retenir; Dieu lui-même reconnaît cette vie comme ce qui est devenu passé grâce à lui et donc aussi relativement à lui; qu'elle soit un *éternel* passé n'est que la dernière détermination que nous ajoutons au grand concept dont la connaissance est l'acquis auquel nous a conduit toute notre recherche.

En effet, ce que nous avons obtenu par là n'est rien de moins, à proprement parler, que le concept complet de la divinité, de ce qui, en et par soi, n'est ni étant ni non étant, et qui est pourtant éternellement étant du fait de la relation
255 éternelle qu'il entretient avec sa nature, ou avec | ce qui lui est relativement extérieur. Comment pourrions-nous pénétrer ce concept, comment saisirions-nous sa richesse sans opérer de manière fragmentaire, pourvu qu'à la fin il soit possible d'en embrasser d'un seul coup d'œil la totalité achevée ?

On sait bien que la plupart, sinon tous ceux qui ont entrepris cette œuvre avant nous, ont débouché sur de tout autres résultats. Tous partent de l'idée que la divinité est en soi éternellement calme, engloutie en elle-même, s'épanouissant en soi-même[1], et jusque là au moins ils disent encore des choses sensées. Mais lorsqu'ils poursuivent et ajoutent que, dans sa révélation, la divinité dénuée en soi de nature, l'éternelle liberté, a néanmoins pris nature, ou bien que cet

1. *Aufgehend in sich selbst*: cf. *Darlegung des wahren Verhältnisses der Naturphilosophie zu der verbesserten Fichteschen Lehre*, SW VII, 6.

être a surgi ou posé au-dehors quelque chose de lui-même, et qu'avec ce surgissement ou cette position au-dehors commencent la vie, le mouvement et la révélation, ils énoncent des paroles inintelligibles aussi bien à eux qu'aux autres. Comment en effet ce qui est en soi dépourvu de nature et ne connaît ni soif ni désir a-t-il pu *prendre* nature ? Comment ce qui était d'abord pleinement épanoui en soi a-t-il pu, au moment suivant et dans un acte successif (car on ne peut songer à autre chose), sortir de lui-même sans fondement ni cause occasionnelle, et supprimer ou interrompre son éternelle unité, son éternel repos ? Voilà ce que l'on ne saurait rendre compréhensible par quelque notion que ce soit.

Nous avons déjà prouvé dans ce qui précède que le concept le plus élevé et le plus pur de la divinité, qui est universellement admis et sert déjà de fondement à l'argument ontologique, à savoir qu'en lui l'essence est aussi l'être et l'être est aussi l'essence, conduit nécessairement à un autre concept, d'après lequel la divinité n'est en soi ni l'étant ni le non-étant. Or tous aspirent comme d'une seule voix à ce que la divinité soit l'étant. Raison et sentiment ne se satisfont pas d'un Dieu qui serait un pur *Cela*, mais exigent un Dieu qui soit un *Lui*.

Or, la question s'est posée de tout temps de savoir comment la divinité pure, qui n'est en soi ni étante ni non-étante, peut être étante ; l'autre question, celle de savoir comment la divinité en soi non révélée, engloutie en
soi-même, peut se révéler | extérieurement, n'est qu'une façon 256
différente de formuler le même problème.

Or, quelle que soit la façon dont la sagacité humaine réponde à ces questions, cela ne doit en aucun cas être de telle manière que Dieu cesse, dans l'être-étant, d'être en soi surétant. Il n'y a en Dieu ni alternance, ni changement. Il ne peut sortir de la latence et se manifester au point qu'il cesserait d'être caché; il ne peut passer de sur-étant à étant au point de cesser d'être en soi sur-étant; ce qui a un caractère éminemment spirituel et insaisissable ne peut, comme l'eau changée en vin de la noce en Galilée, se transformer en quelque chose de saisissable et de compréhensible[1].

On peut donc considérer comme irrecevable tout ce qui a été entrepris pour répondre à ces questions en introduisant une sorte de mouvement, même éternel, en Dieu. Si Dieu, en effet, passait dans l'être distinct de l'essence par un mouvement ou bien nécessaire ou bien volontaire, dans le premier cas, il serait privé de liberté depuis le commencement ou ne serait pas l'éternelle liberté comme il est et doit l'être. Dans le deuxième cas, en revanche, étant donné qu'il agirait déjà dans le mouvement, autrement dit qu'il serait déjà effectif et étant, il ne parviendrait à l'être que comme ce qui n'est en soi ni étant ni non-étant : dans les deux cas, il serait par conséquent étant, mais pas en tant que volonté pure ou en tant qu'éternelle liberté, autrement dit pas en tant que ce qu'il est. Il est cependant impossible que quelle que chose que ce soit devienne étant aux dépens de ce qu'il est et, pour ainsi dire, au prix de ce qu'il est.

Il n'y a assurément qu'un seul moyen de résoudre la question. Puisque Dieu est en soi ni étant ni non-étant et ne peut non plus devenir étant par un mouvement en lui-même, mais qu'il doit toujours, alors même qu'il existe effectivement, demeurer le sur-étant, il en résulte que ce n'est pas en soi, mais par rapport à autre chose qu'il peut être ou devenir (de manière éternelle) étant; et cela même dans la mesure seulement où cette *autre chose* est pour lui l'être, ou se trouve avec lui dans un rapport d'être.

1. *Jn* 2, 1.

Tout cela est en soi suffisamment clair et on sera bien en peine de le contester. Mais d'où vient cet *autre*? A cette question, | il est bien difficile de répondre à cause de la nature 257
de cet *autre*. Étant donné, en effet, qu'il doit pouvoir se comporter comme l'être à l'égard de la divinité, il semble qu'il doive par nature être non *étant*. Il doit être non étant non comme l'est ce qui se tient le plus haut, lequel se tient au-dessus de l'étant, mais parce qu'il est au-dessous. Et, pourtant il ne peut pas être absolument non étant. Il doit donc être quelque chose qui n'est pas en soi non-étant, mais qui *devient* un non-étant par rapport au plus haut.

D'où vient donc cet énigmatique *autre*? On sait quelles tentatives ont été faites depuis les tout premiers temps pour éclairer cette énigme. La plus ancienne paraît être la doctrine selon laquelle la matière originelle de tout ce qui diffère de Dieu a émané de la divinité, bien qu'il soit certain que beaucoup de ce que l'on range sous le nom de doctrine de l'émanation ait eu un tout autre sens. Encore qu'elle soit peu explicative et elle-même peu explicable, cette doctrine a l'avantage de laisser la divinité dans sa liberté et son repos originels. Ce qui malheureusement tient le milieu entre cette doctrine et ce que l'on entend habituellement, c'est que Dieu aurait, avant le commencement des choses, émis une partie de lui-même (selon certains, son Soi lui-même) qui contenait le plan de la création future. Voilà comment la calme divinité, avant pour ainsi dire de se séparer d'elle-même, aurait été de manière tout aussi originaire lestée de la matière primordiale du monde à venir.

La représentation encore en vigueur parmi les théologiens qui veut que Dieu soit la cause au repos qui, non par une action

ou un mouvement extérieur, mais par sa pure volonté, donne sa première assise à ce qui diffère d'elle, est celle qui se rapproche le plus de la vérité. Ces théologiens ont donc aperçu quelque chose de la vérité, mais, en s'exprimant ainsi, ils en ont une fois de plus déformé le véritable concept en distinguant cette volonté et Dieu. Car ce vouloir peut être éternel (comme certains l'enseignent expressément) ou pas. Dans ce premier cas cependant, on ne voit pas comment, dans l'éternité pure, on pourrait le distinguer de la divinité même, d'autant que les plus spirituels de ces théologiens ont toujours enseigné que tout ce qui est en Dieu est Dieu lui-même [1] et que la volonté de Dieu n'est pas autre chose que le Dieu voulant lui-même. Dans l'autre cas, en revanche, ils admettent que quelque chose peut naître dans l'éternité et que, dans la divinité, un passage a
258 lieu du non-vouloir | au vouloir, ce qui ne peut se comprendre sans une occasion adventice.

La vérité est que Dieu est en lui-même et par essence une volonté au repos (la liberté pure), et que, là où cette volonté existe, l'autre doit, d'une manière nécessaire et immédiate, exister aussi. C'est pourquoi la doctrine des théologiens pourrait être exposée ainsi : Dieu est la cause originaire de cet autre, non la volonté efficiente, mais la volonté sereine, essentielle, qui ne requiert que cet être englouti dans l'essence pour être cet autre. Cet être ne peut pas exister comme tel et ne peut cependant pas demeurer dans cette abstraction, de sorte qu'il pose immédiatement et sans aucun mouvement, *du fait* précisément de sa limpidité, cet autre qu'est pour lui l'être.

1. *Cf.* Maître Eckhart, *Traités et sermons,* trad. A. de Libera, Paris, GF-Flammarion, 1995, p. 298, *Sermons allemands*, n°12. Nous devons cette référence à Jad Hatem.

Car, comme ce pur feu électrique par nature rayonnant et communicatif ne peut l'être un instant sans son contraire, voire n'existe que pour autant qu'il éveille ce dernier, comme ce feu donc cause son contraire sans action particulière, mais par sa pureté et sa transcendance même, ou comme une flamme qui ne peut être effective sans matière, si elle était nécessairement effective, poserait la matière immédiatement et sans mouvement par sa pure essence, de même, il n'est besoin, pour que cet autre soit, que de la divinité même en tant qu'esprit pur, abstrait dc tout être.

Cependant, d'après cette représentation, que l'on pourrait comparer à l'ancienne doctrine selon laquelle toute proposition entraîne son opposé, ce premier concept de la divinité, qui fait de lui la spiritualité pure, se modifie. En effet, puisque Dieu est la cause de l'autre, en raison non de sa volonté particulière, mais de sa simple essence, cet autre n'est certes pas son essence, mais quelque chose qui, naturellement et inséparablement, relève de cette essence. Il s'ensuit que, si la divinité pure est = A, cet autre est = B et que le concept achevé de la divinité étante et vivante s'exprime, non par A seul, mais par A + B.

Il semble donc que c'est en suivant cette autre voie (en partant de la pure spiritualité) qu'on en arrive à ce concept de la
divinité. | Mais cette voie ou cette liaison ne serait tout au plus 259
qu'une voie ou une liaison dialectique, et en aucun cas historique, c'est-à-dire authentiquement scientifique. Nous ne pouvons pas remonter par nos pensées à cette pure abstraction. Nous ne connaissons Dieu qu'en relation à une nature éternelle qui lui subordonnée, cette synthèse est notre première, notre plus ancienne pensée. Nous ne connaissons d'autre Dieu que le Dieu vivant, et cette connexion en lui de sa vie spirituelle suprême et d'une vie naturelle est le mystère originaire de son

individualité, le miracle de la vie indissoluble, selon une profonde expression d'un des apôtres (*Hb* 7, 16[1]).

Mais si nous voulons engendrer scientifiquement l'idée de cette synthèse (et nous ne pouvons guère faire autrement), nous devons prendre pour point de départ ce que Dieu pose dans cette synthèse même comme son éternel passé, et ce qui en lui ne peut être posé autrement que sous la forme du passé.

Passé – éminent concept, connu de tous et intelligible à bien peu. La plupart ne connaissent pas d'autre passé que celui qui, à chaque instant, s'accroît de cet instant même, devient encore mais n'est pas. Sans un présent déterminé, décidé, il n'est pas de passé ; et combien sont-ils qui jouissent d'un tel présent ? L'homme qui ne s'est pas surmonté lui-même n'a pas de passé ou plutôt il n'en sort jamais, il vit constamment en lui. Il est bon, il est souhaitable que l'homme laisse quelque chose derrière lui, comme on dit, c'est-à-dire qu'il l'ait posé en tant que passé ; c'est seulement ainsi que l'avenir lui sera serein et qu'il lui sera facile de se proposer aussi quelque chose. Seul l'homme qui a la force de s'arracher à soi-même (à la partie subordonnée de son Être) est capable de se créer un passé ; lui seul aussi jouit d'un véritable présent comme il est seul à affronter un authentique avenir. Et ces considérations éthiques devraient suffire à montrer qu'aucun présent n'est possible qui ne repose sur un passé décidé, de même qu'aucun passé n'est possible qui ne s'appuie sur un présent dépassé.

Les métaphysiciens se figurent qu'il existe un concept
260 d'éternité pur | de tout mélange avec des concepts temporels.

1. *Hb* 7, 16 : « l'évidence est plus grande encore si l'autre prêtre suscité ressemble à Melkisédeq, et n'accède pas à la prêtrise en vertu d'une loi de la filiation humaine, mais en vertu de la puissance d'une vie indestructible ».

Ils auraient peut-être raison s'ils parlaient de cette éternité sans aucun effet extérieur, qui est, nous l'avons montré, comme un néant par rapport à toutes les autres choses ; par là, le concept de présent, aussi bien que celui de passé et d'avenir, se trouve exclu de cette éternité. Mais, dès qu'ils entendent parler d'une éternité vivante ou effective, ils ne connaissent plus rien qu'un maintenant constant, un éternel présent ; et il en va de même quand il s'agit du temps comme reflet de l'éternité (ou du temps éternel), ils n'en forment pas d'autre concept que celui de l'éternel non-présent.

Mais pas plus qu'on ne peut concevoir un présent qui ne repose sur un passé, on ne saurait se représenter un éternel présent qui ne se fonde sur un éternel passé.

La véritable éternité n'est pas celle qui exclut tout temps, mais celle qui contient et se soumet le temps lui-même, le temps éternel. L'éternité effective est dépassement du temps, ainsi que le suggère l'hébreu si profond, qui exprime par un même mot la victoire (qu'il pose comme l'une des premières propriétés de Dieu) et l'éternité (*Naezach*[1]).

Il n'est pas de vie sans un mourir simultané. Dans l'acte même par lequel est posé un être-étant (une existence), quelque chose doit mourir afin que l'autre vive. Car l'étant ne peut s'élever comme tel que sur un non-étant. Au moment même où doit se former un corps organique, la matière doit perdre son indépendance et devenir, pour l'essence proprement dite, sa simple forme.

Toute vie, de quelque espèce qu'elle soit, est une succession et un enchaînement d'états, celui qui précède

1. *Naezach*, « victoire », est la septième des dix puissances créatrices (ou Sephira) dans l'arbre de vie (ou arbre séphirotique) que décrit la Kabbale.

étant le fondement, la mère, la puissance qui enfante l'état suivant. La vie naturelle est ainsi un échelon qui mène à la vie spirituelle ; tôt ou tard, elle en arrive à un point où elle ne peut plus demeurer, sans pouvoir pour autant aller plus loin par elle-même : elle a alors besoin de quelque chose de supérieur qui l'élève au-dessus de soi. De même que la vie naturelle en l'homme, lorsqu'elle ne peut trouver la puissance spirituelle supérieure, devient la proie de l'inquiétude intérieure et d'un mouvement désordonné et tout aussi dénué de sens que de but (ce qui est le caractère spécifique de la folie), il semble que, d'une manière générale, la terre n'ait trouvé son articulation,
261 l'harmonie de toutes ses créations et | donc le repos qu'une fois l'élément naturel en elle élevé, du fait de l'homme, jusqu'au contact avec le spirituel. Mais une telle succession d'états apparaît dans la vie naturelle elle-même, puisqu'en elle, l'antécédent devient à chaque fois un passé au regard du suivant. La santé et la perfection de la vie dépendent seulement de la constance de la progression et d'une succession des puissances que rien n'entrave, et de même que toutes les maladies (comme les maladies du développement) sont les conséquences d'une progression entravée, toutes les difformités de naissance ne sont que des conséquences d'une intensification interrompue ou entravée. En effet, quand la nature ne parvient pas à trouver la puissance qui l'aide à se transfigurer en quelque chose de supérieur, elle se met inévitablement à bourgeonner en une vie difforme, puisque la tendance à la progression ne cesse d'agir et qu'elle ne peut pas plus avancer que demeurer où elle est.

Dans la vie divine elle-même, comme en toute autre vie, il y a mouvement et progression. La question est seulement de savoir en quoi, sous ce rapport, cette vie divine diffère de toute autre, et en premier lieu de la vie humaine.

Elle en diffère tout d'abord par le fait que, dans la vie humaine, cette succession et cet enchaînement peuvent se dissoudre alors, qu'ils sont indissolublement liés dans la vie divine. Dieu est en état d'élévation perpétuelle. Droites, dit l'Écriture, sont les voies du Seigneur[1]. Cela signifie qu'elles s'étendent droit devant lui : tout ce qui suit un mouvement régressif s'oppose à sa nature. C'est pourquoi il ne peut le contenir dans une vie tournant constamment en cercle que sous la forme d'un éternel passé.

Quc la vic sc dissolvc ou quc la continuité du passage de la puissance inférieure à la puissance supérieure puisse se trouver supprimée sont causes de la maladie et de la mort naturelle aussi bien que spirituelle. C'est pourquoi l'on dit de Dieu qu'il est seul incorruptible et que seul il possède l'immortalité.

Une deuxième différence consiste en ce que cette succession en Dieu est une succession effective qui ne s'est pourtant pas déroulée dans le temps. En un seul et même acte (dans l'acte de la grande décision), 1 (la première puissance) est posé comme l'antécédent de 2, 2 comme l'antécédent de 3, et le tout (1, 2, 3) comme l'antécédent de 4, autrement dit *dans* l'éternité
même une succession, un temps | se trouve compris : elle n'est **262**
pas une éternité vide (abstraite), mais elle contient en soi le temps surmonté.

Le tout est antérieur à l'un, la nécessité à la liberté, la nature à ce qui est en dehors et au-dessus de toute nature ; et cependant il n'existe ici aucun temps, car tout est compris dans le même acte indivisible. Il n'y a pas de vie sans victoire sur la mort, et de même que toute existence au présent repose sur un

1. *Os* 14, 10 : « Oui, les voies du Seigneur sont droites, et les justes y marcheront, mais les rebelles y trébucheront ».

passé, de même l'existence qui consiste dans la présence à soi proprement dite ou l'existence consciente de soi.

Un *être*-conscient éternel est quelque chose d'inconcevable, ou alors il serait analogue à l'inconscience. Certes, cet être suprême, qui est ici l'essence même, doit aussi être en soi le savoir le plus pur, car en lui l'être et l'étant (l'objet et le sujet) ne font absolument qu'un (rappelons à ce propos l'équation bien connue : l'être suprême = le savoir suprême). Mais ce qui est savoir pur n'est pas encore pour cela en soi-même ce qui *sait*. Ce n'est que par rapport à quelque chose d'autre, qui est l'être pour lui, que l'être suprême peut s'affirmer comme l'étant et que le savoir pur peut se comporter comme ce qui sait et se trouver ainsi élevé à l'acte.

Il n'y a pas de devenir-conscient (et pour cela pas non plus de conscience) sans qu'un passé soit posé. Il n'y a pas de conscience sans quelque chose qui soit en même temps exclu et attiré. Ce qui est conscient de soi exclut ce dont il est conscient comme n'étant pas lui-même, mais doit pourtant l'attirer à nouveau, précisément comme ce dont il est conscient, comme étant donc lui-même, mais sous une autre forme. Ce qui est à la fois exclu et attiré dans la conscience ne peut être que l'inconscient. C'est pourquoi, toute conscience a l'inconscient pour fondement et c'est précisément dans le devenir-conscient lui-même qu'il est posé, par ce qui devient conscient de soi, comme passé. Or, on ne peut concevoir que Dieu soit resté sans conscience pendant un temps, pour devenir ensuite conscient; mais on peut bien penser que Dieu appréhende en un même acte indivisible de prise de conscience le non conscient et le conscient, celui-ci comme l'éternellement présent, celui-là avec la détermination d'être l'éternellement passé.

| La conscience consiste seulement dans l'acte du devenir- 263
conscient, de sorte que Dieu lui-même doit être conçu non comme un être-conscient éternel, mais comme un éternel devenir-conscient. Et c'est ainsi encore que le rapport que l'éternelle liberté établit avec la nature n'est pas autre chose que l'éternelle venue à soi-même du Très Haut. La pure divinité, en se liant à la nature, ne va pas vers quelque chose d'étranger, elle entre dans ce qui lui est propre (εἰς τὰ ἴδια) et la reconnaît comme sa propre nature éternelle. Et ce qui est en soi éternellement commençant reconnaît à son tour dans ce pur esprit non pas un autre Dieu, différent de lui, mais sa propre ipséité suprême.

La plupart commencent en évoquant une révélation de la divinité. Or ce qui est censé se donner doit d'abord se posséder soi-même, ce qui doit s'exprimer doit d'abord venir à soi et ce qui doit être révélé aux autres doit préalablement être révélé à lui-même. Mais tout ce qui doit venir à soi doit se chercher; il doit donc y avoir quelque chose en lui qui cherche et quelque chose qui est recherché. Mais ce qui cherche et ce qui est recherché ne sauraient être une seule et même chose; ils doivent demeurer, par la racine, indépendants l'un de l'autre, afin que demeurent à jamais ce qui cherche et ce qui est trouvé et que règne éternellement la joie de trouver et d'être trouvé. Ce n'est que de cette façon que l'on peut se représenter une conscience éternellement vivante. Cette conscience, qui suppose que l'on brise et surmonte un opposé, n'est pas une conscience inerte et morte, mais une conscience éternellement vivante et renaissant toujours.

Ceux qui vont plus loin dans leur réflexion se heurtent cependant à une difficulté particulière quand ils cherchent à expliquer comment l'éternel peut devenir conscient de son éternité, question devant laquelle la plupart détournent

rapidement leurs pas. Dans l'éternité vide et abstraite, aucune conscience n'est pensable ; la conscience de l'éternité ne peut s'exprimer que dans cette parole : je suis celui qui était, qui est et qui sera[1] ou, de façon plus intériorisée, dans le nom intraduisible que le Dieu Très-Haut s'est donné devant Moïse et qui, dans la langue fondamentale, exprime avec les mêmes mots ces significations différentes : je suis qui j'étais, j'étais
264 qui je | serai, je serai qui je suis[2]. La conscience d'une telle éternité est impossible sans distinction des temps. Mais comment l'éternel, qui ne les trouve pas en lui-même, les différencierait-il sinon par référence à un autre ? Cet autre est, pour l'esprit de l'éternité, la nature, avec laquelle il est en relation. En elle il se reconnaît comme celui qui *était*, parce qu'il la pose comme son *éternel* passé et se pose, par conséquent, lui-même comme celui qui devait éternellement être étant, car c'est seulement par rapport à lui, l'étant, qu'elle peut être le passé. Par là, c'est encore l'éternité qu'il donne pour fondement à son éternité même ou plutôt il pose son éternité comme étant absolument sans fond, comme ne reposant à son tour que sur une éternité. Il se reconnaît en elle comme celui qui *est*, comme l'éternellement présent par opposition à ce qui

1. *Cf.* la célèbre référence du § 49 de la *Critique de la faculté de juger* à l'inscription au fronton du temps d'Isis : « je suis tout ce qui est, tout ce qui était et tout ce qui sera, et nul mortel n'a soulevé mon voile ».

2. On sait que la série *Schellingiana* de Frommann-Holzboog porte sur sa couverture ces quelques lignes du *Nachlaß* de Berlin :

Ich bin der ich war	Je suis celui que j'étais,
Ich bin der ich sein werde	Je suis celui que je serai,
Ich war der ich sein werde	J'étais celui que je serai,
Ich werde sein der ich bin	Je serai celui que je suis.

Pour un commentaire particulièrement ambitieux du présent passage, où manque le troisième de ces quatre aphorismes, *cf.* F. Duque, « Schelling, Pareyson, il male », *Annuario filosofico*, 2008, vol. 24, p. 151.

est pour lui un éternel passé. Il se reconnaît en elle comme celui qui *sera*, parce qu'il se considère par rapport à elle comme l'éternelle liberté et qu'il l'aperçoit en même temps comme la possible esquisse d'un vouloir futur. Il se reconnaît non seulement comme celui qui était, est et sera, mais aussi comme celui qui était, est et sera *le même*, car, tel qu'il est englouti dans l'essence, il *est* celui qui était éternellement et qui, dans tout l'avenir, ne pourra être que ce qu'il est, à savoir cet être essentiel.

En effet, il existe encore comme ce qui n'est en soi ni étant ni non-étant. En tant que non-étant, il n'est étant que par rapport à ce qui constitue pour lui l'être, non en soi-même; il représente encore l'éternelle liberté par rapport à l'être, l'éternelle puissance de se rendre effectif en lui et par lui, mais il ne s'est pas encore déclaré comme tel, il est encore le vouloir au repos, le vouloir qui ne *veut* pas effectivement.

Puisque cette nature constitue le premier aspect extérieur et visible de Dieu, il paraît naturel de la considérer comme le corps de la divinité et de regarder le sur-étant[1] comme l'esprit qui régit ce corps. Mais la nature éternelle est d'abord un tout, composé d'un corps, d'une âme et d'un esprit. De cette manière, ces trois termes se trouvent liés l'un à l'autre et forment, dans leur absence de liberté et leur indécision, cette roue de la nature qui constitue aussi ce qu'il y a de plus intérieur en l'homme. Mais l'esprit de l'éternité n'est pas lié à la nature, il reste dans une éternelle liberté à son égard, encore

1. *Das Ueberseyende*. Cf. *Philosophie de la révélation*, SW XIII, 128 et 132 et *Le monothéisme*, SW XII, 58 (*der Ueberseyende*).

qu'il ne puisse s'en séparer. Ce n'est, en effet, | que de cette 265
manière qu'il peut se rendre perceptible en tant qu'éternelle puissance curative et réconciliatrice ou comme l'éternelle œuvre salutaire elle-même.

Par conséquent, si l'on voulait (comme on en a tout à fait le droit) rechercher pour ce rapport un équivalent humain, ce serait celui-ci. L'éternelle nature est en Dieu ce que sa nature est en l'homme, pour autant que l'on entend par là ce qui subsiste comme un tout composé de corps, d'âme et d'esprit. Laissée à elle-même, la nature de l'homme est, comme la nature éternelle, une vie de contrariété et d'angoisse, un feu insatiablement dévorant et qui s'engendre à chaque fois inlassablement. Elle aussi a besoin de la réconciliation, alors qu'elle n'en a pas le moyen *en elle-même*, mais en dehors et au-dessus de soi. Elle ne peut être régénérée que par l'esprit de Dieu, qu'on appelle pour cette raison l'esprit qui vient d'en haut : lui seul peut la soustraire à l'ancienne vie, la poser comme un passé et la faire passer dans une vie nouvelle. Ce sur-étant se rapporte donc à la nature avec laquelle il est en relation, non comme l'esprit ou l'âme se rapportent au corps, mais comme se rapporte à la nature humaine en son ensemble cet esprit divin qui n'est pas propre à l'homme, ou comme ce guide, ainsi que l'appelaient déjà les anciens mystères, se rapporte à la vie.

Mais, de même que l'esprit éternel, libre et délié de tout, se tient au-dessus de la nature, celle-ci aussi est soumise à l'esprit, non par contrainte, mais volontairement. Le seul effet que la vue et la présence de cette limpidité essentielle exercent sur elle est de la rendre libre, de sorte qu'elle puisse céder à la scission aussi bien que lui résister, et devenir à nouveau la proie de cette vie de convoitise et de désir. Mais, à travers cette libre volonté de se soumettre, la nature s'atteste comme nature divine, c'est-à-dire comme nature déjà en soi divine, hors de cette relation à la divinité pure. Elle-même, une fois rendue libre, se surmonte grâce à la force du principe suprême et pose sa propre vie, pour autant qu'elle lui est propre et distincte de Dieu, comme un passé.

Ainsi, rien ne repose sur la simple nécessité et, dès les premiers commencements de la vie, la suprême volonté libre porte déjà témoignage de la liberté illimitée de Dieu.

| La nature s'est donc soumise dès les premiers commence- 266
ments, non en vertu d'ailleurs de sa volonté propre ou naturelle, mais sous la contrainte de la nécessité (c'est le sens du οὐχ ἑκθσα de *Romains* 8, 20, où l'on fait cependant état d'une soumission *plus tardive*). Mais, si elle s'est soumise, c'est bien à cause de celui qui l'a soumise, dans l'espoir de se trouver délivrée elle aussi et de s'élever de la servitude (de la nécessité aveugle) de cet être éternellement périssable et se consumant lui-même, à une majesté impérissable [1].

Mais c'est justement à cause du caractère uniquement volontaire de cette sujétion qu'elle garde toujours par devers soi la possibilité de s'écarter de cet ordre pour revenir à une vie propre, éloignée de Dieu. Dans cet assujettissement, elle a renoncé, non à l'être en général, mais à la vie propre, indépendante de Dieu, et encore y a-t-elle renoncé, non à la racine ou selon la possibilité, mais du point de vue de son effectivité. Dans cet assujettissement, elle conserve donc aussi le fondement de son propre mouvement autonome, autrement dit une source de liberté, qui ne parvient pas à l'action (à l'acte), mais demeure dans la simple possibilité (dans la potentialité).

1. Pour un commentaire similaire du même verset, cf. *Die Weltalter*, p. 121 (trad. p. 99) et *Philosophie de la révélation*, SW XIII, 363.

Quand bien même la divinité ne serait pas, comme le dit Platon[1], un Dieu ignorant l'envie, elle ne pourrait supprimer les forces de cette vie, car, ce faisant, c'est sa propre vitalité, c'est le fondement de son être-étant qu'elle supprimerait.

Mais si cette liaison qui seule fait de Dieu un Dieu vivant n'est pas elle-même morte mais éternellement mobile, nous devons nous représenter cette vie désormais assujettie à la divinité comme étant toujours prête à s'affirmer, de façon à ce qu'il ne s'agisse pas là d'une soumission aveugle, mais de délices éternelles, d'un apaisement de cette recherche (de cette soif), d'une éternelle joie de trouver et d'être trouvé, de surmonter et d'être surmonté.

De même que, dans un corps sain, un sentiment de santé n'apparaît que lorsque l'unité qui le porte réprime durablement la vie fausse toujours prête à s'affirmer, ainsi que le mouvement qui tend à s'écarter de cette harmonie et à s'opposer à elle, de même il n'y aurait pas de vie en Dieu ni de
267 joie de vivre, si les forces maintenant assujetties | n'avaient pas constamment la possibilité d'attiser la contradiction à l'égard de l'unité tout en se trouvant constamment apaisées et réconciliées par le sentiment d'unité bienfaisante qui les maintient assujetties.

Nous voici dès lors en possession d'un nouveau concept ou plutôt seulement d'un concept intensifié du non-étant. Cette vie initiale d'une nécessité aveugle ne pouvait être qualifiée d'étante, faute d'être jamais véritablement parvenue à la consistance ou à l'être, et elle ne consistait que dans

1. Cf. *Timée* 29 e : « il était bon, et en ce qui est bon, nulle envie ne naît jamais à nul sujet. Exempt d'envie, il a voulu que toutes choses naquissent le plus semblables à lui » (trad. A. Rivaud, Paris, Les Belles Lettres, 1985, p. 42). *Cf.* SW VI, 39.

l'aspiration et le désir d'être. Ce désir s'est maintenant apaisé en elle car, dans cette soumission, elle est effectivement parvenue à l'être au repos; mais ce désir s'est calmé pour autant seulement qu'elle s'est soumise, c'est-à-dire qu'elle a reconnu être un étant d'un ordre inférieur, un non-étant relatif.

Or, nous affirmons qu'il existe une possibilité pour ce non-étant de sortir de cet état de potentialité et d'aspirer à s'élever une nouvelle fois jusqu'à l'étant. C'est ainsi que se fait jour un concept intensifié du non-étant, concept qu'il nous faut assez souvent voir à l'œuvre dans la nature et dans la vie et qui nous persuade qu'il existe quelque chose d'intermédiaire entre ce qui est et le néant, à savoir ce qui n'est pas, ni ne doit être, mais y aspire pourtant. Il n'est pas, puisqu'il ne fait qu'aspirer à être, et il n'est pas rien, puisqu'il faut être d'une certaine manière pour désirer.

Personne ne s'avisera de dire que la maladie est une vie authentique, une vie véritablement vivante (*vita vere vitalis*[1]), et cependant elle est une vie, mais seulement une vie fausse : non une vie étante, mais une vie qui veut s'élever du non-être à l'être. L'erreur n'est pas une connaissance vraie ou véritable, et pourtant elle n'est pas rien, ou alors un rien, mais qui aspire à être quelque chose. Le mal est un mensonge intérieur, auquel manque tout être véritable, et pourtant il *est* et fait preuve d'une terrible effectivité, non pas cependant comme un véritable étant, mais bien comme quelque chose qui, par nature, aspire à être étant.

Cependant, cette vie primitive aveugle, dont la nature n'est que lutte, angoisse et contradiction, si elle a jamais existé pour

1. *Cf.* Cicéron, *De amicitia*, VI, 22 (*Lélius ou de l'amitié*, trad. R. Combès, Paris, Les Belles Lettres, 1993, p. 15 : « comment peut-elle être vivable la vie qui ne trouve pas l'apaisement dans les sentiments partagés avec un ami ? »).

268 soi | sans être engloutie et repoussée dans la potentialité par une vie supérieure, ne pouvait être dite, de ce fait, ni malade ni mauvaise : ces concepts, en effet, ne deviennent possibles que lorsque la vie, une fois subordonnée à l'unité apaisante, est en même temps libre de se manifester, de se soustraire à elle et d'entrer dans sa propre nature.

Lorsqu'un Être organique contracte une maladie, les forces qui, jusque là, demeuraient cachées en lui, se manifestent; ou lorsque le lien de l'unité se dissout entièrement et que les forces vitales, jusqu'alors soumises à quelque chose de supérieur, peuvent, abandonnées à elles-mêmes par l'esprit dominant, suivre librement leurs propres penchants et façons d'agir, quelque chose de terrible devient manifeste, dont nous n'avions aucune sensation durant la vie, refoulé qu'il était par le sortilège de la vie, et ce qui était précisément encore objet d'adoration ou d'amour devient un objet de crainte et de la plus terrible exécration. Lorsque s'ouvrent les abîmes du cœur humain dans le mal et que les pensées effrayantes qui devaient être à tout jamais enfouies dans la nuit et les ténèbres, viennent au jour, nous découvrons alors ce qui se trouvait en l'homme en guise de possibilité et nous apprenons de quoi est faite sa nature, pour soi ou telle qu'elle est laissée à elle-même.

Que l'on songe à tout ce qu'il y a d'effrayant dans la nature et dans le monde des esprits et à toutes les choses, plus nombreuses encore, qu'une main bienveillante paraît nous dissimuler, et l'on ne doutera pas que la divinité trône sur un monde d'horreurs et que Dieu, compte tenu de ce qu'il cache en lui, peut être dit terrible et redoutable, non pas au sens figuré mais au sens propre du terme [1].

En soi-même, cette vie cachée ou rejetée par Dieu dans le passé, est encore ce qu'elle était auparavant; les forces de ce feu qui consume tout sommeillent toujours en elle, mais apaisées et comme conjurées par ce *Verbe* grâce auquel le Tout s'est fait Un. Si l'on pouvait retirer cette puissance réconciliatrice, cette vie retomberait aussitôt sous l'emprise des contradictions et des désirs dévorants. Mais sous l'action de la force d'en haut, la nature se rend pour ainsi dire captive de soi-même et surmonte sa propre nécessité; elle s'abandonne
délibérément à la séparation | et par là à l'éternelle volupté et **269**
joie de vivre de cette divinité en soi non-étante et insondable.

Jusqu'ici, nous avons suivi le cours de nos recherches sans marquer de pause, celles-ci ne souffrant aucune interruption tant qu'avec la dernière détermination que nous venons d'ajouter, nous n'avions pas porté le concept que nous cherchions, celui de l'Un et du Tout, à son achèvement. Aussi bien, tout ce qui précède n'était, pour le dire dans le langage courant, que la construction achevée de l'idée de Dieu qui ne se laisse pas enfermer dans une brève explication comme dans une figure géométrique bien circonscrite. Ce que nous avons décrit jusqu'ici (dans les limites du possible), c'est seulement la vie éternelle de la divinité; ce n'est que maintenant que peut commencer l'histoire proprement dite, le récit de la suite d'actions libres par lesquelles Dieu avait, de toute éternité, résolu de se révéler.

1. Par exemple *Ps* 89, 8 : « Dieu est terrible dans la grande assemblée des saints ; il est redoutable pour tous ceux qui l'entourent ».

Qu'on nous permette cependant, avant de laisser se développer le cours de cette histoire, de nous attarder quelque peu à considérer ce que nous avons découvert. – Tout ce dont il s'agit, c'est d'appréhender en Dieu l'unité qui est en même temps dualité ou, inversement, la dualité qui est en même temps unité. Si Dieu ne faisait qu'un avec sa nature éternelle ou s'il lui était lié, il n'y aurait qu'unité. Si les deux étaient complètement disjoints et séparés, il n'y aurait partout que dualité. Mais le concept d'une unité qui, parce qu'elle est une unité libre, renferme une dualité, est tout à fait étrangère aux temps qui sont les nôtres. Ceux-ci n'aspirent en effet qu'à l'unité et ne veulent connaître en Dieu qu'esprit et suprême simplicité.

Or, il a été démontré jusqu'à l'évidence que la divinité en soi et pour soi-même ou en tant qu'esprit le plus pur, est au-dessus de tout être ; d'où il s'ensuit qu'elle ne saurait exister en l'absence d'une puissance éternelle, non pas d'engendrement, mais de gestation, d'une puissance qui la porte dans l'être, et que son existence vivante effective, loin d'être une existence immobile et morte, est par conséquent une naissance éternelle dans l'être, dont le moyen et l'organe sont pour cette raison appelés, au sens le plus propre du mot, *nature* éternelle (puissance génératrice) de Dieu.

270 Mais nous savons à quel point | les arguments scientifiques sont pour l'instant peu efficaces contre une manière de pensée profondément enracinée, en particulier lorsque celle-ci s'attache aux produits d'une imagination hautement spirituelle, telle, par exemple, cette religion rationnelle qui croit situer

Dieu d'autant plus haut qu'elle l'a davantage dépouillé de toute force motrice vitale, de toute nature[1].

On peut montrer à quel point cette manière de se représenter les choses est moderne. Car toute notre philosophie nouvelle est comme née d'hier. Depuis que son initiateur, Descartes, a mis à bas toute connexion vivante avec la culture antérieure et a voulu édifier la philosophie uniquement d'après les concepts de son temps, comme si personne n'avait pensé ou philosophé avant lui, nous assistons au progrès cohérent et conséquent d'unc même erreur fondamentale, qui s'est insinuée dans les différents systèmes, jusqu'aux plus modernes[2]. En soi, il est absurde d'appliquer ce critère éminemment moderne à ce qui a rompu toute connexion avec lc passé pour rétablir un lien avec ce qui est véritablement ancien et même ancestral.

En soi il est déjà souhaitable pour tous ceux qui parlent en connaisseurs des premiers commencements de se rattacher à quelque chose qui soit consacré par l'ancienneté, à quelque tradition supérieure attestée, sur laquelle pourrait reposer les pensées humaines. Platon ne fait-il pas lui-même appel, dans les plus hautes et les plus sublimes de ses expressions, à telle ou telle formule sacrée, à telle parole transmise par la

1. *Vernunftreligion*. Nouvelle référence à Jacobi.

2. A comparer avec ce que Schelling dira après le tournant de 1827 : « il commença par briser toute continuité avec la philosophie antérieure, passa l'éponge sur tout ce qui avait été fait avant lui dans cette science, et entreprit de la réédifier tout entière depuis le début, comme si on avait jamais philosophé avant lui. Conséquence inévitable d'une rupture aussi complète : la philosophie sembla tomber dans une seconde enfance et retourner à cet état de minorité dont la philosophie grecque était sortie presque dès ses premiers pas. Néanmoins il se pourrait que la science ait gagné à revenir ainsi à son état d'innocence » (*Contribution à l'histoire de la philosophie moderne*, SW X, 4).

tradition! Voilà qui devrait déjà détourner le lecteur ou l'auditeur de l'opinion préjudiciable d'après laquelle l'auteur voudrait communiquer aux autres ce qui sort seulement de sa tête et n'est qu'une sagesse qu'il s'est lui-même forgée; l'effort et la tension que provoque à chaque fois cette opinion finissent par se résoudre dans l'humeur sereine que l'on éprouve quand on sait pouvoir s'appuyer sur un fondement solide, ce qui est fort avantageux pour la recherche.

Un tel rattachement à la tradition est doublement souhaitable pour qui n'a aucune opinion nouvelle à imposer, mais veut seulement faire valoir à nouveau une vérité ancienne, longtemps dissimulée, en des temps qui ont réellement perdu tout ce qui s'apparente à un concept solide.

271 | Où pouvais-je mieux trouver cette tradition que dans ces documents inébranlables, reposant éternellement sur eux-mêmes, qui seuls enferment une histoire du monde et de l'homme du commencement à la fin? Voilà qui suffirait à expliquer pourquoi j'ai déjà souvent rappelé des expressions des Saintes Écritures et pourquoi, par la suite, je le ferais peut-être davantage. Car qu'un auteur renvoie aussi fréquemment aux fragments orphiques, aux livres du Zend[1] ou aux écrits

1. Ce qui s'appelle à l'époque de Schelling Zend Avesta est l'ensemble des textes sacrés de la religion mazdéenne. On l'attribuait alors à Zoroastre lui-même. Schelling dira plus tard à propos d'A. H. Anquetil-Duperron, qui est manifestement ici sa source : « très tôt et très souvent, le travail d'Anquetil a été utilisé par des érudits allemands. Moins dans une perspective historique que philosophique. Après le tournant moderne de la philosophie, on a, en effet, utilisé les écrits orientaux au même titre que ceux de J. Boehme et d'autres mystiques occidentaux, *i.e.* comme source où l'on croyait pouvoir puiser la science supérieure elle-même » (*Philosophie de la mythologie*, SW XII, 477, cf. *Zend Avesta, ouvrage de Zoroastre contenant es idées théologiques, physiques et morales de ce législateur, les cérémonies du culte religieux*

hindous pourrait passer pour un simple ornement, tout en semblant moins étrange qu'une référence à des Écrits dont l'explication intégrale, tant du point de vue de la langue que de l'histoire ou de la doctrine, mobiliserait toute la science et toute l'érudition du monde[1]. Nul ne s'aviserait en effet de prétendre que les outils dont l'érudition dispose actuellement aient épuisé toutes les richesses de l'Écriture[2] et qui nierait que le système susceptible d'expliquer chacune des paroles de l'Écriture et d'en reconstituer l'entière harmonie n'a pas été encore découvert ? Un grand nombre de passages lourds de sens restent encore dans l'obscurité ou s'y trouvent relégués. C'est pour cette raison que, dans nos systèmes, figurent parmi les plus remarquables points de doctrine, mais énoncés de manière dogmatique et rigide, sans qu'apparaissent l'enchaînement interne, les transitions et les chaînons intermédiaires qui seuls pourraient en faire un tout intelligible n'exigeant plus une croyance aveugle, mais recueillant le libre acquiescement de l'esprit et du cœur. Manque en un mot le système interne (ésotérique) dont les maîtres en particulier devraient recevoir la consécration.

Mais ce qui empêche particulièrement ces derniers d'atteindre ce tout, c'est la mésestime assez exagérée et la négligence qui frappent l'Ancien Testament, dans lequel ils ne tiennent pour essentiel que ce qui se trouve reproduit dans le Nouveau (sans rien dire de ceux qui l'ont entièrement rejeté).

qu'il a établi, Paris, Tilliard, 1771, dont Schelling avait acquis en 1808 une traduction allemande [SB 869, p. 221]).

1. Référence à l'indomanie de l'époque et notamment à celle de Fr. Schlegel. L'*Über die Sprache und Weisheit der Indier* est paru en 1808 (Heidelberg, Mohr und Zimmer, 1808 [SB 590, p. 150]).

2. *Lehrbegriff.*

Or le Nouveau Testament est édifié sur le fondement de l'Ancien et le présuppose visiblement. Ce n'est que dans l'Ancien Testament que se trouvent les commencements, les premiers points fondamentaux du système qui se développe jusque dans les plus infimes parties du Nouveau. Mais ce sont précisément les commencements qui constituent l'essentiel :
272 qui les ignore ne parviendra jamais jusqu'au tout. | Il existe dans les révélations divines une connexion que l'on ne peut comprendre en partant de son milieu, mais seulement si l'on se place au commencement. Le Nouveau Testament nous fait tout voir à la lumière d'époques et de circonstances plus tardives et qui présupposent celles qui ont précédé, mais seuls quelques éclairs jaillis des nuages de l'Ancien Testament éclairent l'obscurité des temps primordiaux et les premiers et plus anciens rapports à l'œuvre dans l'essence divine elle-même.

Il en va de même de cette unité dans la dualité et de cette dualité dans l'unité que nous avons reconnues être l'essentiel de l'individualité divine. Que Dieu ait deux noms, qui apparaissent tantôt isolément, tantôt en liaison, a à chaque fois frappé tous les chercheurs. On expliquait autrefois le fait que le mot *Elohim*, qui désigne un pluriel, se trouve relié en règle générale à un verbe au singulier, en y voyant une référence à la coexistence des trois personnes en un seul être. Une telle opinion est depuis longtemps abandonnée ; elle a en réalité contre elle toutes les raisons de l'analogie.

Mais qu'objecter à l'interprétation selon laquelle *Elohim* désignerait la substance divine, (d'abord l'Un, puis) le Tout des forces originelles, ce qui est pour soi inexprimable, mais se laisse effectivement exprimer à travers la pure divinité spirituelle ? Dans ce rapport à l'Exprimant, au *nom* ou au mot, Jéhovah est posé aussi originairement comme Elohim. « Que

devrais-je répondre aux enfants d'Israël, demande Moïse, si je leur dis : "l'Elohim de vos pères m'envoie vers vous" et qu'ils me demandent : "quel est son nom" ? » et Jéhovah répondit : « tu leur diras : "Jéhovah, l'Elohim de vos pères m'envoie vers vous, tel est mon nom de toute éternité" » (Exode, 3, 15) : où il est manifeste que Jéhovah doit être le nom d'Elohim et Elohim celui qui reçoit le nom, l'exprimé. Voilà pourquoi Jéhovah s'appelle aussi tout simplement *le Nom* (l'Exprimant), comme il est dit dans le *Lévitique* 24, 11 : « il blasphéma *un des Noms* », et dans le *Deutéronome* 28, 58 : « si tu ne crains pas le *Nom glorieux* (la suite est ajoutée à des fins d'explication), le nom terrible, Jéhovah ton Elohim ». On a remarqué depuis longtemps que ce nom, dont la véritable prononciation est inconnue, consiste en purs souffles, et l'on en a conclu qu'il désigne | ce qui, de la divinité, est souffle pur, esprit sans **273**
mélange. Tel est, ainsi que s'expriment les Juifs, le nom de l'essence, tandis qu'Elohim est le nom des divins effets. D'autres ont fait remarquer qu'il se compose uniquement de lettres, comme l'on dit, en repos (*litteris quiescentibus*). Cela aussi s'accorde à l'essence de celui qui est volonté pure sans vouloir effectif. L'inexprimabilité, regardée comme sacrée, de ce nom montre également qu'il est l'exprimant, de telle sorte précisément que lui-même n'ait pas à être désigné comme un exprimant de la divinité. Que ce nom soit aussi le tétragramme (c'est par ailleurs de cette manière qu'est le nom de Dieu dans toutes les langues) ne peut certes pas passer inaperçu dans une langue aussi éminemment artificielle et intentionnelle que l'Hébreux. Si nous voulions entrer dans les détails, nous pourrions même retrouver dans chacune des lettres dont se compose ce nom la trace du mouvement progressif de 1 à 4. Que l'idée du caractère sacré attribué dans toute l'Antiquité au nombre quaternaire provienne d'une source qui a marqué de

son empreinte le nom חוה', n'est pas la simple invention de chercheurs aveuglés par leur foi chrétienne. Pythagore a certainement su que l'on doit absolument compter jusqu'à 4, que les nombres 1, 2 et 3 ne sont rien pour soi et que rien ne parvient à la consistance tant que l'on n'est pas passé par les quatre degrés de la progression. 4 est même ce qui donne sa plus parfaite consistance à Dieu aussi bien qu'à l'éternelle nature. Le serment pythagoricien: «je jure par celui qui a transmis à notre âme le nombre 4, *source de la nature éternellement jaillissante*», s'il n'avait pas le sens que nous venons d'indiquer, n'en avait aucun[1].

Cela présupposé, la doctrine de l'unité de l'essence divine dans la dualité apparaît tissée à ce que l'Ancien Testament a de plus intime, et même à sa langue: tout d'abord en ce que le pluriel "*Elohim*" appelle un verbe au singulier là où le sens, par exemple de "*bara Elohim*", est «celui-là a créé, qui est Elohim»; ensuite dans la fréquente association Jéhovah-Elohim. Mais il est tout aussi clair que la doctrine de la dualité dans l'unité est imprimée dans la langue de l'Ancien Testament: par exemple dans les passages où "*Elohim*" (au sens du Dieu vrai, du Dieu unique) appelle un verbe au pluriel, pour marquer que, malgré leur unité avec Jéhovah, les Elohim

1. La Tétraktys (ou quaternaire). Le serment pythagoricien disait: «Non, par celui qui a révélé à nos têtes / La Tétraktys, qui est la source et la racine / De la nature inépuisable» (Porphyre, *Vie de Pythagore*, trad. E. des Places, Paris, Les Belles Lettres, 1982, § 20, p. 45). Cf. *Philosophie de la révélation*, SW XIII, 348: «dans le célèbre fragment, donné pour apocryphe sans aucune preuve suffisante, ils nomment le nombre quaternaire la source de l'intarissable nature – car la Tétraktys ou nombre quaternaire est justement le chiffre de la création». Les traducteurs de l'édition française rendent ainsi les *Vers d'or* 47, 48: «Non, par la Tétraktys qui dépasse notre âme, Source qui contient les racines de la nature éternelle».

ne cessent pas d'être | pour soi, ou dans ceux où Jéhovah jure 274
sur son âme (A^3) comme sur quelque chose de différent et de séparé de lui, ou, de manière incontestable, dans plusieurs choses, sans doute trop naturelles aux yeux de nos interprètes modernes, qui sont dites ou racontées en relation à Elohim sans que cela s'applique en même temps à Jéhovah.

Le phénomène le plus marquant de ce dernier point de vue est cependant l'Ange de la face ou, comme il est aussi effectivement appelé, l'Ange de Jéhovah[1]. L'ange de Jéhovah, en cela distinct de lui, apparaît à Moïse dans le buisson ardent. Mais c'est Elohim qui l'appelle depuis le buisson (*Ex* 3, 2). Aussitôt après, c'est Jéhovah qui s'adresse à lui. Il en résulte manifestement que, dans l'opinion du narrateur, celui qui est l'Ange de la face est aussi celui qui est Jéhovah et que pourtant ils sont distincts l'un de l'autre. Le sens de ce récit est probablement que Moïse a été gratifié d'une vision de cette suprême vitalité, de ce feu intérieur dévorant, mais toujours renaissant (et qui, pour cela, ne se consume jamais), qui est la nature de la divinité.

Ces quelques indications devraient suffire à convaincre beaucoup de ces philosophes modernes qui prennent volontiers leurs concepts vides pour des révélations de Dieu[2] ou à persuader ces théologiens influencés depuis longtemps déjà par la philosophie de notre temps, qu'il y a, comme nous l'apprennent les plus anciens documents religieux, dans

1. L'expression « Ange de la Face » trouve son origine dans la traduction par Luther d'*Is* 63, 8-9 : « *wer sie ängstete, der ängstete ihn auch ; und der Engel seines Angesichts half ihnen. Er erlöste sie, darum daß er sie liebte und ihrer schonte* ».

2. Il s'agit là bien sûr de l'auteur des *Choses divines et leur révélation* (*cf.* nos traductions de cet ouvrage et de la réponse de Schelling).

l'individualité divine (comment d'ailleurs serait-elle possible sans dividualité ?) de tout autres mystères encore que ceux qu'invente leur soi-disant théisme éclairé. La représentation d'une dualité au-delà de la trinité des personnes, dans l'unité de l'essence divine, la doctrine d'un éternel présent et d'un éternel passé (devenant par là éternellement passé) sont tissées dans les fils les plus intimes de la langue de l'Ancien Testament alors que le Nouveau les présuppose et ne les évoque qu'en quelques éclairs isolés.

Mais le lecteur ne saurait en rester à de tels acquis, un état se liant immédiatement à un autre, sans qu'il y ait même une fois d'arrêt momentané. Douleur, angoisse, dégout du passé
275 se résolvent, comme nous l'avons montré, grâce à | cette crise ou explicitation des forces ; mais à aucun moment ne se fait jour une coexistence indifférente. De la vie engloutie s'élève aussitôt une vie nouvelle. Ce qui devait auparavant être un, mais ne l'a pu, est maintenant un tout ou un ensemble qui ne repose que sur une simple solidarité interne ; c'est un ensemble en repos, uniquement passif, et non pas un tout effectif qui pourrait être exprimé en tant que tel. C'est pourquoi il est toujours plein de vie en chacun de ses membres individuels ; mais, considéré du dehors ou en tant qu'ensemble, il est parfaitement inerte.

Toutes les forces gardent cependant le sentiment de leur unité dans leur explicitation même. La nécessité d'être un est surmontée, mais pas supprimée. Elle demeure, tempérée par la liberté. De contrainte, elle devient amour. L'amour n'est pas liberté et n'est pourtant pas non plus contrainte. C'est précisément parce qu'elles sont séparées et dissociées que les forces aspirent d'autant plus intimement à se sentir unies et à éprouver, à travers une harmonie volontaire interne, qu'elles forment comme un ensemble vivant : cette unité est une image de ce qui est véritablement intérieur et à quoi elles espèrent s'élever – grâce à Dieu.

La séparation consistant en ce que le supérieur est élevé au-dessus de ce qui lui est inférieur, tandis que celui-ci s'abaisse par rapport à lui, il en résulte que le mouvement naturel qui se décide à apparaître immédiatement après le déclenchement de la crise, voire qui se produit au moment même de son déclenchement, est l'attraction universelle, une élévation de l'infé-rieur relativement au supérieur, et, partant, un nouveau mouvement, une nouvelle vie. De même que la nature éternelle en tant que tout tire à soi l'esprit de l'éternité, de même chaque puissance subordonnée attire celle qui lui est immédiatement supérieure.

La puissance qui se tient le plus profond cherche donc naturellement à attirer à soi celle qui se trouve au-dessus d'elle, car elle constitue nécessairement, en tant qu'elle se trouve rabaissée le plus bas, le point de départ du mouvement.

Mais de même que le déclenchement de la nostalgie dans l'éternelle nature était le premier commencement de la séparation intérieure, de même le désir qui anime la nature rabaissée au niveau le plus bas de ne faire qu'un avec ce qui lui est supérieur donne l'impulsion à une crise analogue. Pleine de nostalgie, la nature | se répand elle aussi en toutes ses forces et ce 276
qui ne faisait jusqu'alors que sommeiller, s'éveille à une vie propre.

Car cette nature maintenant posée au commencement, bien qu'elle ne soit initialement qu'une puissance de la vie divine, n'en est pas moins elle aussi en soi une essence totale et analogue au tout (à la nature éternelle). Elle n'est pas une partie de la substance e, mais en elle réside la ité dans son ensemble, pour autant qu'elle se saisisse d'abord d'elle-même, s'enferme en soi et se refuse au dehors. Au fondement de l'opposition qui se trouve en elle (A et B), se tient dès le commencement, cachée et silencieuse, une unité divine. La force de négation en elle est ce qui précède et se comporte donc comme une première puissance; l'essence posée intérieurement par elle (A) est ce qui la suit, à savoir la deuxième puissance. Mais le plus intime en cette nature, l'essence proprement dite n'est ni l'un ni l'autre : c'est le lien secret, la force cachée de son être-un, ce qui en elle-même est A^3.

S'il faut maintenant regarder l'Être qui flotte au-dessus de la nature et du monde des esprits comme une âme universelle, une sagesse artistique déposée dans le tout, il s'ensuit immédiatement que ce qui est le plus profondément caché dans la nature, du fait de son affinité avec l'âme universelle, est aussi soi-même un Être animé et que même la puissance la plus profonde possède originellement et comme lui appartenant en propre quelque chose qui ressemble à cette sagesse artistique (*pars divinea mentis*). Comment pourrait en douter celui qui a seulement une fois observé que la nature agit à chaque fois du dedans au dehors, pareille au plus réfléchi des artistes, avec cette différence qu'ici la matière, au lieu d'être extérieure à l'artiste, ne fait qu'un avec lui et s'identifie à lui intimement? Comment en douterait celui qui voit que la prétendue matière morte présente déjà dans chacune de ses figures et de ses formes, avant même que la nature ait déployé son âme véritable, l'empreinte d'un entendement et d'une science intérieurs? Comment ne pas reconnaître l'existence d'une âme indépendante lorsqu'on voit à l'œuvre dans la grande suite hiérarchique des êtres organiques, voire dans la formation progressive des parties individuelles, un art à la fois libre (et donnant même l'impression de jouer arbitrairement) et intérieurement lié? Certes, la nature a nécessairement besoin d'un secours extérieur, pour autant qu'elle ne produit elle-même ses

merveilles que comme membre | organique d'un ensemble 277
supérieur. Mais, abstraction faite de cette aide qui ne sert qu'à la poser dans sa liberté, elle tire tout d'elle-même et peut être purement et entièrement expliquée à partir d'elle-même.

Cet Être le plus intime et comme animé est précisément celui qui rend la nature capable d'une relation immédiate à ce qui lui est supérieur. D'une façon générale, tout ce qui est supérieur est l'archétype ou, pour employer une expression populaire, le ciel de ce qui est inférieur. Mais, pour prendre part au supérieur, l'inférieur doit d'abord laisser se déployer le germe caché en lui. Et c'est quand il offre au supérieur ce qu'il a en soi-même d'analogue à lui et laisse paraître sa nature céleste, que l'inférieur l'attire à soi comme par un irrésistible sortilège : c'est seulement alors que s'établit une relation immédiate, que s'opère une fusion intime.

Avec cette crise qui se déclenche dans la nature s'éveille donc en premier lieu l'être céleste animé qui jusque là demeurait caché et sommeillait en lui. Le résultat est le même que celui que l'on observe quand une unité supérieure auxquelles se subordonnaient différentes forces se dissout. Assez curieusement, comme sous l'effet d'une divination, les premiers qui ont observé le sommeil magnétique ont décrit son déclenchement comme une crise. Mais tout sommeil est une crise, au sens où nous avons jusqu'ici employé ce mot. De même qu'avec l'invasion du sommeil, la vie spirituelle qui réside dans les organes subordonnés (particulièrement dans le système ganglionnaire) s'éveille et sort des profondeurs dans lesquelles elle avait été enfouie par la vie spirituelle supérieure et uni-verselle, de même c'est seulement une fois posée dans sa liberté et dans la puissance qui lui est propre que la nature laisse se développer la substance animée jusqu'alors cachée en elle : c'est cette substance qui fait d'elle un Être qui est tout pour soi et créateur de soi. De même que les astres de la nuit ne font leur apparition qu'une fois éteint le grand astre du jour, de même les organes subordonnés ne paraissent sur le théâtre de la vie qu'après que la vie universelle dont ils faisaient partie et devant laquelle ils faisaient silence, a décliné.

Qu'il reste ainsi encore à la nature éternelle et à tous ses
278 organes | une source de mouvements autonomes indépendante de la divinité suprême, est quelque chose d'essentiel. De même que, dans la nature éternelle, la libération reposait sur l'élévation de l'âme (posée effectivement comme puissance suprême) au-dessus de tout, la crise qui a affecté la nature extérieure ne peut consister qu'en ceci que dans la subordination de toutes les autres forces à l'âme qui réside en elles et se trouve mise à la plus haute place. Mais l'âme ne se sent être que comme âme de la puissance subordonnée, de la puissance du commencement, destinée à demeurer éternellement. Éveillée de son inactivité, elle n'éprouve aucune haine pour cette force de renfermement, mais aime, au contraire, être à l'étroit, car c'est là seulement qu'elle prend conscience d'elle-même : elle fait du renfermement la matière et comme le moyen de son ascension. Elle ne veut donc pas en quelque sorte supprimer la force de négation, ni en général ni comme ce qui la précède. Elle réclame au contraire et confirme celle-ci : elle ne veut expressément que passer et devenir visible en elle de sorte que l'âme, déployée à l'extrême, reste toujours captive et retenue en elle comme dans un réceptacle.

L'âme ne veut donc pas vaincre la force de négation brutalement et comme d'un seul coup. Son désir artistique commence précisément en ce qu'elle cherche à surmonter la résistance par la douceur et la force qui la contient et, pour ainsi dire, la nourrit, par un progrès graduel, avec pondération et sans jamais la heurter de front. Elle se plaît enfin à se subordonner progressivement toutes les forces et à faire ainsi se déployer en un Être pleinement animé celle qui fut sa propre mère, en qui elle fut conçue et élevée.

Ce qu'il y a de plus intérieur, l'âme, ne peut devenir visible que dans le rapport suivant lequel les forces antagonistes sont portées à la liberté et à l'indépendance mutuelles ou dans une opposition mobile et vivante. C'est pourquoi elle commence par éveiller cette division interne qui traverse toute la nature. L'indistinction des forces dissimule l'essence, la scission la fait apparaître. Mais, au commencement, règne encore naturellement la plus grande indécision, car l'essence obscurcissante, la force de négation, dissimule encore l'intérieur, jusqu'au moment où l'art réfléchi réussit pour la première fois à établir un équilibre entre elle et le spirituel et commence à subordonner peu à peu à ce dernier cette essence obscurcissante, tandis que le spirituel se trouve entièrement élevé | et 279
que, victorieux de toutes les forces, il se manifeste comme la véritable essence et le ciel de la nature même.

Mais la séparation des forces ne peut jamais être totale, puisque la limite doit être respectée et la négation et l'étroitesse primitives conservées. Mais comme une certaine unité demeure toujours, une vision de cette unité transparaît dans la séparation, vision qui, du fait de son affinité avec le principe supérieur (A^2), peut lui devenir visible et lui apparaît comme une image circonscrite, limitée et, en un certain sens, spirituelle, d'une créature.

C'est ainsi que rien d'illimité ne peut apparaître dans cette formation progressivement ascendante. Même parfaitement libre, l'esprit, tout comme l'âme créatrice, se trouve encore captif et enfermé dans une unité ou une forme déterminée qui ne devient visible que par lui, de même que lui ne devient visible que par elle. De cette façon, tout le chemin que suit la nature qui se libère de l'intérieur et s'efforce vers la lumière et la conscience, est jalonné de formations déterminées qui sont autant d'enfants de son désir; chaque formation n'est que l'aspect extérieur d'une artiste qui s'accroît en même temps que sa matière, et montre jusqu'à quel niveau de libération est parvenu l'être le plus intime. L'art créateur traverse ainsi, d'un mouvement toujours ascendant, toute l'échelle des créatures à venir, jusqu'à aboutir à cette première de toutes les créatures qui devait servir un jour d'intermédiaire entre lui et le monde des esprits, à savoir cette gracieuse figure humaine dans laquelle le germe céleste se déploie totalement: en elle, la force créatrice a porté sa puissance la plus élevée au-dessus de tout et elle célèbre, victorieuse, sa libération.

Mais sans une direction supérieure l'âme qui s'éveille des profondeurs de l'inconscience ne pourrait aller au bout de son parcours. Car, dans son premier éveil, elle a déjà l'obscur pressentiment que son véritable modèle se trouve dans le monde des esprits; plus elle s'élève, plus elle voit clairement dans ce qui est au-dessus d'elle (dans le A^2) et plus elle reconnaît toutes les possibilités contenues en lui, possibilités qu'elle cherche, comme une artiste avec sa matière, à exprimer et à corporaliser immédiatement. C'est que tout ce qui devient
280 effectif dans un être subordonné | a son modèle dans ce qui lui est immédiatement supérieur; et, inversement, ce qui, dans un être supérieur, existe en tant que modèle devient, dans ce qui est inférieur, effectif comme une simple réplique.

Mais dans la mesure où l'âme rend effectif en elle-même ce qui, pour le terme supérieur, existait simplement comme possibilité, elle attire comme par enchantement ce supérieur (A^2) à soi. Car c'est la nature de tout modèle que d'être attiré, comme par une inclination naturelle et irrésistible, vers ce qui en lui est une réplique. Mais, d'autre part, dans la mesure où le principe supérieur (A^2) est attiré vers la nature, il se soustrait sous le même rapport à ce qui est plus haut que lui (A^3), ce qui met un terme à un être-ensemble indifférent. Il reconnaît en effet dans le terme intermédiaire, pour autant seulement que celui-ci se détache du supérieur et se dirige vers l'inférieur, ce qui tient lieu pour lui de sujet immédiat (de base, de soubassement). C'est alors seulement que le supérieur reconnaît dans ce qui a été abstrait la projection ou l'ob-jection[1] dans laquelle il se contemple et se voit.

Mais ces images qui s'élèvent de la matière subordonnée se dirigent, en raison de la parenté que celle-ci a avec lui, vers l'intermédiaire (A^2) ou transparaissent en lui, car ce sont précisément ces images qui sont le sortilège qui l'attire. Et comme le terme intermédiaire devient en même temps pour lui, dans cette attraction, l'ob-jection du plus élevé (A^3) et que cet A^3 ne fait qu'un avec la divinité (dont il n'est que le sujet tourné vers le monde extérieur), il est évident que c'est grâce à cet intermédiaire que les images qui s'élèvent d'en bas se révèlent également au plus élevé (A^3) et, par lui, à la divinité encore cachée.

C'est dans cet état que tout ce qui devait un jour devenir effectif défila sous les yeux de l'Éternel et celui-ci vit comme en une lueur ou une vision toute l'échelle des formations futures, jusqu'à cette créature qui seule de tous les êtres de la nature, devait être un jour capable d'une relation immédiate avec lui.

Mais toutes ces figures et ces formations n'ont pas pour soi d'effectivité, car la nature même d'où elles sont nées est revenue, par rapport à la divinité véritablement étante, | dans **281**

1. *Vor – oder Gegenwurf.* Pour cette expression, cf. *Aphorismes sur la philosophie de la nature*, SW VII, 207.

la potentialité, dans le rapport de ce qui est relativement non-étant et maintient délibérément ce rapport (et sans quoi A^2 n'est que potentiellement séparé). *Toute cette vie n'est donc pas absolument et totalement rien, mais, face à la divinité, elle est comme un néant, un simple jeu qui n'a aucune prétention à l'effectivité* et qui demeure une simple image; au regard de la divinité, toutes ces figures ne sont que des rêves ou des visions qui pourraient certes devenir effectives, si Dieu appelait les non-étants à devenir étants; mais cette volonté est encore tournée en elle-même, indifférente à l'être et elle ne s'attache pas à lui.

Une fois donc que la vie, s'élevant d'en bas, est parvenue au point suprême, sans cependant que le dernier membre en lequel elle s'achève ait pu se maintenir et s'élever hors du non-être, elle s'enfonce une nouvelle fois en elle-même, dans son propre néant, mais seulement pour s'élever toujours à nouveau, et, avec un désir inlassable, inépuisable, indiquer à ce qui lui est immédiatement supérieur, mais de manière médiate à l'esprit suprême, comme en un miroir ou une vision, ce qui, par la grâce du Plus-Haut, doit, en son temps et à son heure, se rendre effectif dans ce monde extérieur.

Il va de soi que l'état général de la nature ne peut être, durant ce processus, ni stable ni au repos : elle ne peut être qu'un éternel devenir, un déploiement incessant. Mais ce déploiement a pourtant son but, et ce but est pour la nature de parvenir à un être pleinement spirituel-corporel. Bien qu'elle ne puisse atteindre sa plus haute expansion qu'au dernier stade de son déploiement, elle n'en est déjà pas moins en soi et pour soi, à chacun des moments de celui-ci, un être non pas corporel, mais spirituel-corporel, qui, en s'inclinant devant le supérieur (A^3) et en s'abandonnant entièrement à lui, devient un

matériau, une matière pour lui, mais une matière qui, en comparaison de l'actuelle, est comme un pur esprit et une vie pure*. Au cours même de son progrès, | à mesure que la force 282
de négation (qui est, à proprement parler, la force de corporéité) se soumet toujours davantage au spirituel et que le germe céleste intérieur se déploie de manière toujours plus visible, la nature s'étend de plus en plus jusqu'à cette substance ni purement corporelle ni purement spirituelle, à cet être de lumière, adouci, dans lequel la force de rigueur, la force obscurcissante, est surmontée par la douceur de l'autre principe et engloutie dans la lumière. Elle ne sert plus dès lors qu'à tempérer intérieurement et fixer l'être insaisissable en soi et, inversement, à adoucir, jusqu'à la rendre supportable, la lumière en soi irrésistible. Tel semble être le sens de cet éclat de gloire qui, d'après l'expression de l'Écriture et la manière de se représenter les choses commune à tous les peuples, constitue l'environnement extérieur de la divinité invisible.

Que la conformation de l'actuelle matière corporelle ne soit pas sa conformation originelle, nous en avons la preuve dans certains faits de l'évolution de la nature elle-même, dans les phénomènes qui accompagnent la formation interne des corps individuels et qui restent inexplicables tant que l'on ne présuppose que cette propriété aujourd'hui universelle, l'impénétrabilité. Nous en avons également la preuve dans la capacité qu'a la matière (comme dans les expériences de transfert bien connues, mais insuffisamment prises en

* Cet être consiste donc en une matière relativement spirituelle, par opposition à la matière pondérable, impénétrable et inerte, et non en une matière purement spirituelle. Il est donc πνευματικόν (il n'est pas πνεῦμα, mais ne le devient que dans l'actualité ; il est seulement ψυχή).

considération[1]) de se trouver transposée dans un état dans lequel, eu égard à toutes ses propriétés corporelles, elle disparaît. Celui qui se satisfait de la prétendue construction de la matière à partir de forces[2], doit reconnaître que l'essence interne de la matière est spirituelle au sens large du terme, les forces étant incontestablement quelque chose de spirituel en tant qu'elles sont incorporelles. Il doit donc aussi admettre que le mode d'être de la matière actuelle ne se laisse pas expliquer pour soi par ces forces internes spirituelles. Mais comment se fait-il que cet être contractant, enténébrant, qui avait déjà été surmonté au commencement, resurgisse ? C'est une question à laquelle cette histoire aura à répondre. Qu'il nous suffise de dire ici que cette matière est encore aujourd'hui susceptible d'être surmontée, qu'elle montre aujourd'hui encore la capacité de se rapprocher de cet état primitif et peut-être à nouveau un jour de se trouver transposé en lui, bien que cela doive naturellement advenir par un procès bien plus complexe et plus lent.

1. Schelling consacrera en 1832 une conférence à ces phénomènes étudiés par Faraday (*Reden in den öffentlichen Sitzungen der Akademie der Wissenschaften in München. Ueber Faraday's neueste Entdeckung*, SW IX, 440-441) et en fera encore état dans son dernier texte consacré à la philosophie de la nature (*Darstellung des Naturprocesses*, SW X, 357).

2. *Cf.* par exemple I. Kant, *Premiers principes métaphysiques de la science de la nature* (1786), trad. J. Gibelin, Paris, Vrin, 1990, notamment p. 54 et 116 et *Exposé de la philosophie rationnelle pure*, SW XI, 435 : « c'est seulement à une philosophie ultérieure que la construction de la matière à partir de deux forces fondamentales que l'on trouve chez Kant a fourni l'occasion de reprendre la question des dimensions – cette construction à laquelle on peut reprocher de n'offrir aucun moyen d'expliquer le variété spécifique de la matière ».

|Si l'on considère les étonnantes métamorphoses 283 auxquelles, dans le monde organique, la matière se trouve soumise et qui ont abouti à la formation de l'œil humain, dans lequel resplendissent d'une manière incompréhensible mais sensible et perceptible, esprit, entendement et volonté, on est bien autorisé à ne voir dans la matière tout entière qu'un simple phénomène, une image déformée de l'être invisible qui lui sert à proprement parler de fondement, tous les corps n'étant que des vêtements et des voiles qui dissimulent ce point interne de transfiguration sans lequel un passage de la nature inorganique dans l'organique serait inconcevable et qui est souvent presque perceptible par les sens dans les choses les plus corporelles.

Quiconque a l'œil un tant soit peu exercé à la contemplation spirituelle des choses de la nature sait qu'une image spirituelle dont le simple contenant (le milieu d'apparition) est ce qui est grossier et pondérable est proprement ce qu'il y a de vivant dans ce qui est grossier et pondérable. Plus pure est cette image, plus sain est le tout. Toujours prêt à s'échapper, mais toujours retenu, cet Être insaisissable mais nullement imperceptible et dont chaque chose reçoit tout le charme, l'éclat et l'apparence de la vie, est ce qui est à la fois le plus manifeste et le plus caché. Puisqu'il apparaît dans une transformation incessante, il possède, en tant que vision de l'essence véritable qui se tient cachée dans toutes les choses de ce monde et attend seulement qu'on la délivre, un pouvoir d'attraction d'autant plus grand. Parmi les choses les plus corporelles, c'est avant tout les métaux, dont l'éclat particulier a toujours ensorcelé les hommes, que l'on a considérés comme projetant dans les ténèbres de la matière des éclats isolés de cette essence; un instinct universel a pressenti sa proximité dans l'or, que ses propriétés plus passives, son extensibilité presque infinie, sa malléabilité et sa tendreté quasi charnelle, associés à la plus parfaite indestructibilité, semblent apparenter le plus à l'être spirituel-corporel; et par une de ces coïncidences apparemment fortuites que nous avons si souvent l'occasion de remarquer, il sert à désigner le plus ancien âge du monde, celui où la nature apparaissait encore dans toute sa gloire[1].

284 | Mais c'est en particulier dans la nature organique que cet être s'approche de la délivrance. Il est l'huile dont est saturé le vert des plantes, il est le baume de la vie, dont la santé tire son origine; il est reconnaissable dans la translucidité de la chair et des yeux, dans cet effluve indéniablement physique grâce auquel le pur, le sain, l'aimable exerce sur nous une action libératrice bienfaisante, et même, à n'en pas douter, dans cette grâce ineffable qui afflue dans la corporéité transfigurée et dont le barbare lui-même est involontairement ému[2]. Et l'on peut dire que le joyeux étonnement dans lequel la beauté parfaite plonge l'homme cultivé a peut-être son principal fondement dans le sentiment que nous avons d'apercevoir grâce à elle la matière dans son état divin et, pour ainsi dire, originel. Comme s'il était l'objet de l'amour primitif, il continue, ainsi qu'aux premiers temps, à attirer à lui l'amour, et se bornant toujours à se montrer sans se laisser saisir ni posséder, il est le but d'une inclination toujours en éveil, jamais satisfaite.

Le commerce du corporel et du spirituel, sur lequel s'est si souvent exercé l'esprit humain, demeure inexplicable si l'on n'admet pas qu'il n'existe là qu'une seule et même substance

1. *Cf.* un passage parallèle en 1813 : *Die Weltalter*, p. 152 (trad. p. 178).
2. *Cf.* un passage parallèle en 1813 : *Die Weltalter*, p. 153 (trad. p. 179).

qui, par un côté (son côté inférieur), donne à voir des propriétés corporelles, mais qui, par son côté supérieur, celui tourné vers l'esprit, finit en un être spirituel. Tous les autres systèmes si ingénieusement inventés laissent subsister l'aiguillon du doute. Le seul système conforme à la pensée naturelle est celui auquel on a donné le nom dédaigneux d'influence physique et qu'on a dû abandonner lorsque s'établit entre la matière et l'esprit ce terrible dualisme (ce dualisme incurable) que fut celui de Descartes[1].

Tout le processus vital repose sur la double nature de ce que nous appelons matière et dont nous pressentons, sans le reconnaître, le côté interne, soustrait à nos sens. Du corporel lui-même remonte toujours une image ou un esprit vital interne qui, par un processus inverse, se corporalise sans cesse.

La croyance en la capacité universelle qu'aurait la matière
d'être | à nouveau élevée en propriétés spirituelles s'est 285
maintenue à travers toutes les époques avec une constance qui suffirait à nous faire conclure à ses fondements profonds et qui s'accorde aux plus chères espérances des hommes, à leurs espérances dernières : ne pas être un jour anéanti totalement. Laissons au vulgaire le concept qu'on se fait d'ordinaire de l'alchimie. Que se passe-t-il néanmoins dans la digestion et l'assimilation des matières nutritives quand, à partir des substances les plus diverses, la même chose se produit dans le tout,

1. On sait que c'est à Malebranche et surtout à Leibniz que l'on doit la critique la plus détaillée de l'*influxus physicus* issu de la philosophie naturelle (cf. par exemple *Système nouveau de la nature et de la communication des substances*, trad. C. Frémont, Paris, Garnier-Flammarion, 1994, p. 82). Pour la critique que Wolf propose de la théorie de Ploucquet, cf. *Psychologia rationalis* (1734), *Gesammelte Werke*, J. Ecole (hrsg), Hildesheim, Olms, 1972, Bd. II, 6, § 721-726.

chaque partie attirant à soi ce qui s'accorde à elle? Et qu'arrive-t-il lors de la première formation du fœtus? Tout ce qui se passe autour de nous est, si l'on veut, une constante alchimie; cela vaut même des processus internes, lorsque la beauté, la vérité et la bonté, libérées de l'obscurité et de l'impureté, apparaissent dans leur limpidité (l'alchimiste commence toujours *par en bas*, *a prima materia*, tout en souhaitant amener cette dernière *ad ultimam*). Ceux qui comprenaient ce qu'ils cherchaient ne poursuivaient pas l'or, mais, pour ainsi dire, l'or de l'or, ou ce qui fait que l'or est or, autrement dit quelque chose de bien plus universel. Si c'est peut-être sous l'effet d'une action extérieure que la matière se coagule comme le lait au contact d'un acide, il doit aussi exister une puissance opposée, grâce à laquelle, si elle se trouvait entre les mains des hommes, l'action de cette force coagulante serait supprimée ou, jusqu'à un certain degré, surmontée. Si, par son essence interne, toute matière n'est qu'*une* et si la diversité des choses corporelles de même niveau tient peut-être à ce que l'Être originaire est plus ou moins caché, il serait sûrement possible, par un surmontement progressif de la puissance obscurcissante, de rendre plus noble ce qui l'est moins. Il est vrai que ce ne serait là qu'une application tout à fait subordonnée d'un pouvoir bien plus général, et, en aucun cas, ce que nous disons là ne tend à approuver une telle tentative. Le royaume des idées est en effet sans limite; mais quant à ce qui est en soi possible, ou relativement réalisable, et quant à ce qui, d'un autre point de vue, est recommandable ou rationnel, ce sont là des questions très différentes.

286 | Nombreux ont toujours été ceux qui ont désiré pénétrer dans ce calme royaume du passé d'avant le monde, pour saisir par leur propre entendement ce qui se passe derrière le grand processus auquel ils prennent part, en partie activement, en

partie passivement. Mais ce qui a manqué à la plupart, c'est l'humilité et l'abnégation appropriées, car ils voulaient tout saisir d'un coup par les concepts les plus élevés. Et s'il y a aujourd'hui encore quelque chose qui empêche le lecteur d'atteindre ces temps reculés, c'est la hâte qui le pousse à vouloir éblouir dès le début par l'emploi de concepts et d'expressions spirituels, plutôt que de descendre jusqu'aux commencements naturels de toute vie.

Qu'y a-t-il dans la corporéité qui offense à ce point l'obscurantisme spirituel qu'il la regarde comme étant d'une aussi basse provenance ? En fin de compte, c'est son humilité et sa modestie extérieures qui lui font offense. Or c'est justement cette modestie qui la fait paraître si haute aux yeux de ceux dont le jugement sur la valeur et la non-valeur des choses importe seul. Et l'abandon qui lui est propre atteste peut-être qu'elle conserve encore quelque chose des caractères de la matière originelle, qui, passive extérieurement, est en soi esprit et vie.

Il est aisé de remarquer que la principale infirmité de toute la philosophie récente réside dans l'absence de concepts médians, ce qui fait par exemple que tout ce qui n'est pas *étant* passe pour n'être rien, que tout ce qui n'est pas spirituel au sens éminent passe pour matériel au sens le plus grossier du terme, que ce qui n'est pas libre au sens moral passe pour mécanique et ce qui n'est pas doué d'intelligence pour dépourvu de sens[1]. Les concepts médians sont cependant les plus importants, ce sont même les seuls susceptibles de fournir de véritables explications dans toute la science. Celui qui veut penser d'après le

1. *Cf.* un passage parallèle dans le tirage de 1813 : *Die Weltalter*, p. 150 (trad. p. 176).

principe (mal compris) de contradiction peut bien se montrer habile à disputer, comme les sophistes, pour et contre tout, mais il est parfaitement inhabile à trouver la vérité, qui n'est pas dans les extrêmes criants.

Mais, en attirant à soi l'essence du monde des esprits et en la détachant par là de ce qui est supérieur, la nature éveille en lui un désir, celui de ne faire plus qu'un avec ce qui lui est supérieur et de l'attirer à soi, si bien que ce mouvement, qui (comme toujours) provient de la nature se propage jusqu'au plus haut.

287 | Avec les explications qui précèdent, il n'est guère besoin de prouver qu'il existe dans l'essence du monde des esprits les mêmes forces créatrices que celles qui reposent dans la nature. Il se trouve aussi en lui une dualité intérieure qui, pour cette raison même, se fonde sur une unité cachée; cette unité doit à son tour émerger et se manifester à mesure que les forces antagonistes se dressent l'une contre l'autre et entrent en opposition active. La nostalgie d'attirer à soi le supérieur (A^3) devient en lui le fondement à partir duquel les forces se répandent et se déploient. Mais, en lui, ce n'est pas le principe d'affirmation, c'est la force de négation qui est enfermée et cachée. Ce qui se trouve ici libéré de la limitation, ce n'est donc pas l'Être qui se répand et se communique, c'est, au contraire, cette force des ténèbres cachée qui, appelée à sortir de ses profondeurs les plus intimes, se trouve peu à peu mise en œuvre. Cela ne veut pas dire qu'elle cherche à passer par-dessus le principe d'affirmation, mais plutôt que la force de la séité la plus active et que la force des ténèbres sont encore entourées de lumière et d'amour. De même en effet que, dans le plus haut déploiement de la nature extérieure, le principe de négation n'est toujours que l'élément extérieur, l'enveloppe, alors que le principe spirituel, même au plus haut degré de liberté, est ce qui est enveloppé : de même, dans le déploiement du monde des esprits (qui est seulement une nature supérieure), le principe de négation, éveillé de son inactivité, n'en reste pas moins, mais seulement *en tant qu'*actif, intérieur et soumis au doux Être de lumière. Toute la création procède d'une élévation du *oui* au-dessus du *non* ; mais de même que, dans la nature, le principe de négation est subordonné au principe d'affirmation, pour autant qu'il lui est extérieur, de même, dans le monde des esprits, en tant qu'il demeure un principe intérieur. Ici le principe d'affirmation se trouve intensifié, mais, puisqu'il est déjà libre en soi, seulement de manière indirecte ou médiate, et uniquement du fait que son opposé est appelé à être.

Cette différence a les plus importantes conséquences pour l'histoire de la nature et du monde des esprits dans son ensemble. L'essentiel de ce qui est énigmatique dans leur rapport et leur disparité se trouvent éclaircis du seul fait que la nature est née au moment où s'est élevée la lumière, tandis que le monde des esprits doit sa naissance à l'éveil de l'obscurité, et il est d'ores et déjà évident qu'un plus haut degré de liberté est requis dans l'essence de ce monde spirituel | que dans **288**
l'essence de la nature.

Toutefois, ce déploiement de la force obscurcissante n'a pu se faire tout d'un coup, des profondeurs où elle était cachée ; il n'a pu avoir lieu que progressivement. Mais parce qu'il subsistait ici encore une certaine unité, la force créatrice ne pouvait parcourir que des formes ou des figures déterminées. Par leur nature, ces formes ou ces figures étaient des esprits, ainsi que cela ressortait déjà de l'ancienne explication : tout ce qui a sa limitation (la force de négation) au-dehors est corporel ou est un corps ; mais tout ce qui a sa limitation (la force qui le fait subsister) intérieurement ou en soi est un esprit.

Ici encore la force créatrice peut seulement s'élever de l'inférieur au supérieur jusqu'à ce qu'elle ait fait progressivement ressortir des profondeurs cette force des ténèbres la plus intérieure et la plus cachée. En naissent alors les esprits les plus purs, les plus subtils et les plus semblables à Dieu.

Car, à mesure que le monde des esprits apparaît plus proche de la divinité que ne l'est la nature, à mesure que ce qui est le plus haut en lui (le A^3) surpasse en pureté ce qu'il y a de plus élevé dans la nature, cet élément supérieur se montre plus semblable à l'âme en suspens au-dessus du tout (du A^3 absolu). Ce monde des esprits se rapporte à ce A^3 de la même manière que la nature se rapporte à lui.

De même donc que le monde des esprits constitue le modèle de la nature et que toutes les choses qui remplissent ce monde extérieur sont des copies de ce qui existe dans le monde intérieur, cette âme universelle est, à son tour le modèle immédiat de celle qui est créatrice dans le monde des esprits, et ce qui est produit en celui-ci n'est que réplique ou réalisation effective de ce qui, dans l'âme universelle, tient lieu de modèle ou de possibilité.

Mais en donnant une réalité effective aux pensées de l'âme universelle, cette nature supérieure l'attire à elle irrésistiblement. Ce mouvement est ainsi tout entier une magie universelle dont l'action s'étend jusqu'au plus haut.

Dans la mesure où elle est attirée vers ce qui se tient en-dessous d'elle, cette âme universelle se trouve en effet détachée du Très-Haut, avec lequel, jusqu'alors, elle ne faisait
289 qu'un (son sujet extérieur immédiat). | Mais c'est précisément par cette attraction et ce retrait qu'elle devient pour l'esprit de l'éternité la projection ou l'ob-jection (l'objet) dans lequel il peut tout apercevoir. Or, étant donné que ces figures spirituelles s'élèvent dans l'âme universelle sous forme d'images

ou de visions, l'esprit de l'éternité doit, lui aussi, s'apercevoir dans cette âme comme dans un miroir, dans lequel, pour ainsi dire, les pensées les plus cachées de son propre sujet lui deviennent manifestes.

Les visions de ces pensées les plus intimes de Dieu sont donc celles des esprits futurs, destinés, en même temps que les êtres naturels, à être créés. Et c'est ainsi que, dans ce désir de l'éternelle nature libre et comme jouant avec elle-même, l'Éternel aperçut pour la première fois tout ce qui devait un jour devenir effectif, d'abord dans la nature, puis dans le monde des esprits. C'est ainsi encore que la nature éternelle lui montra le chemin qu'il pourrait lui faire suivre, si elle le voulait, pour retourner des ténèbres à la lumière, de l'infériorité à la gloire. Mais tout défila devant les yeux de l'Éternel comme une lueur ou une vision : comme une lueur car, en ce tendre milieu, tout ne faisait pour ainsi dire que luire ; comme une vision, car, par comparaison, tout était dénué d'effectivité et s'évanouissait à nouveau dans le devenir, de sorte que rien n'était ni permanent ni fixe, tout en étant au contraire en voie de formation incessante. Une confirmation divine manquait en effet encore à cette vie, qui n'est en soi qu'un rêve et une ombre.

Le mot grec *idea* dit la même chose, du point de vue de sa signification originelle, que le mot allemand *Gesicht*, vision, et cela en un double sens : celui de vision et celui de ce qui est vu.

La doctrine de ces idées ou visions divines d'avant le commencement du monde se perd, pour ce qui est de son origine, dans les profondeurs de la nuit antique. Telle qu'elle s'offre à nous, elle n'est encore qu'un fragment d'une grande doctrine, celle de la première véritable histoire du monde, dont le souvenir s'est enfui. Les Grecs ne la connaissaient déjà que

comme une tradition, et Platon lui-même doit être regardé comme un simple interprète de cette doctrine. Après que son sens originel se fut très tôt perdu, on la comprit un sens tantôt trop surnaturel, tantôt trop vulgaire. Il y a beau temps qu'on l'aurait comprise de manière plus vivante si, au lieu de l'étayer par les arguments généraux de l'entendement, on avait
290 cherché | à suivre le déroulement naturel (le processus physique) de son engendrement.

La naissance de ces modèles ou de ces visions est un moment nécessaire du grand développement de la vie; et si on ne peut certainement pas les considérer comme des substances physiques, il ne faut pas non plus les croire entièrement dépourvus de cet élément physique et les regarder comme des concepts génériques vides, des formes données, privées de mouvement, pour ainsi dire figées, car ce sont des idées. Et si elles le sont, c'est précisément parce qu'elles sont prises dans un éternel devenir, dans un mouvement et un engendrement incessants.

L'engendrement de ces modèles est un moment nécessaire. Mais ils ne sombrent pas après ce moment, pas plus qu'ils ne demeurent; c'est le moment lui-même qui reste éternellement, parce que chacun des moments suivants maintient le précédent ou le comprend en soi : ainsi, ces modèles jaillissent du tréfonds de la nature créatrice avec la même fraîcheur et la vitalité qu'avant le temps. La nature se montre aujourd'hui encore absolument visionnaire[1]. Il doit en être ainsi, parce que, dans l'antécédent, elle aperçoit déjà le futur; si la nature n'avait cette propriété, cette indéniable

1. *Cf.* un passage identique dans le tirage de 1813 : *Die Weltalter*, p. 163 (trad. p. 190).

finalité aussi bien dans l'ensemble que dans le détail serait parfaitement incompréhensible, de même que son technicisme universel et particulier.

Bien plus, la nature s'est réservée le pouvoir de renouveler constamment ce moment dans le temps présent, et par les procédés les plus simples, car elle attire à soi l'esprit de l'homme dans la femme, et l'homme, à son tour, attire à lui l'esprit universel du monde; de sorte qu'ici s'établit cette liaison conductrice[1] et cet enchainement de membres indépendants grâce auxquels le dernier devient capable d'agir dans le premier et le plus haut dans le plus profond, aucun être ne pouvant commencer le cours de son existence sans une confirmation divine immédiate. Chaque vie nouvelle commence un nouveau temps existant pour soi et rattaché directement à l'éternité. Une éternité la précède donc et dans l'engendrement temporel, comme dans le premier engendrement, tout ce qui est extérieur n'est qu'une partie ou un anneau d'une chaîne qui s'étend jusqu'à ce qu'il y a de plus éminent.

Ce qui suffirait déjà à rendre crédible le retour d'un tel moment dans la procréation, ce sont les phénomènes par lesquels se manifeste à l'extérieur cette | crise décisive (au sens 291
que nous avons donné à ce mot) au cours de laquelle chaque principe recouvre sa liberté et déclenche, avec la dissolution du lien extérieur qui assujettit et domine l'homme, le déploiement intérieur et plein de volupté de toutes les forces. D'où aussi la similitude avec la mort et le sommeil magnétique. Il peut paraître osé de mettre ainsi en liaison une chose exposée à la plus grande profanation et un saint et éminent rapport; mais la terrible dégénérescence d'une organisation naturelle ne doit

1. *Cf.* plus haut en SW VIII, 240.

pas empêcher de reconnaître sa signification primitive. Au contraire, tant qu'elle ne voudra pas reconnaître ce qu'il y a aussi de sacré en soi dans l'action de ces tendances naturelles qu'elle subordonne à une loi supérieure, la doctrine des mœurs manquera invariablement son but; car ce qui est en soi dénué de caractère sacré, ce qui est entièrement mauvais et méprisable, sera également indifférent aux yeux de la plupart. Mais une chose que l'on sait accordée à la roue de l'univers, voire à ses plus intimes et plus éminents rapports, inspire elle aussi en soi une crainte sacrée.

Tout ce qui est divin est humain et tout ce qui est humain est divin: cette proposition saisie au tréfonds de la vie par le vieil Hippocrate était et est encore la clef des plus grandes découvertes dans le règne de Dieu et de la nature. C'est sur cette base que nous avons cherché à considérer le dernier phénomène mentionné dans la présente relation (incontestablement la plus élevée dont ce phénomène soit capable).

Il est désormais évident aux yeux de tous que cet état intérieur débordant de vie repose tout entier sur la liberté et l'indépendance réciproques de membres qui forment en même temps une succession continue du plus profond au plus élevé, pareille à l'échelle qu'un patriarche vit en songe descendre du ciel jusque sur la terre. Si la puissance du commencement n'avait pas été libre à l'égard de celle qui se tenait au-dessus d'elle, elle n'aurait pu exercer sur elle la moindre attraction, ni lui faire voir comme en un miroir toutes les possibilités qu'elle contenait en elle. Si la puissance intermédiaire, de son côté, n'avait pu se détacher de la puissance suprême, il lui eût été impossible de devenir la projection ou l'ob-jection dans laquelle la puissance suprême reconnaissait ses pensées pro-
292 pres les plus intimes. Si cet esprit pur, cette ipséité | propre, ce Moi suprême de l'Être total s'était trouvé intimement lié à cet

Être total, s'il n'avait pas été libre à l'égard de l'Être éternel, celui-ci n'aurait pu devenir pour lui le miroir dans lequel apercevoir les merveilles du monde futur. Une fois supprimée la liberté des membres l'un à l'égard de l'autre, cette vie contemplative, cette clarté intérieure aurait disparue elle aussi.

La vie humaine se partage en deux états différents et, d'un certain point de vue, opposés. L'homme éveillé et celui qui dort sont à tous égards, en leur intériorité, un seul et même homme. Aucune des forces internes à l'œuvre à l'état de veille ne se perd dans le sommeil. D'où il résulte déjà que ce n'est pas une puissance interne à l'organisme, mais une puissance extérieure à lui qui détermine par sa présence ou son absence l'alternance de la veille et du sommeil. A l'état de veille toutes les forces de l'homme sont manifestement sous l'emprise d'une unité qui en maintient la cohésion, pour ainsi dire sous l'emprise d'un exprimant (ou exposant) commun. Mais, si ce lien se dissout (peu importe comment), chaque force retourne en elle-même, chaque organe semble agir de façon autonome, dans le monde qui lui est propre; une sympathie spontanée prend alors la place de l'unité qui liait de l'extérieur, et, tandis que le tout apparaît au dehors comme mort et inerte, le jeu et le commerce des forces semblent se déployer en dedans en toute liberté[1].

Si dans le cours ordinaire de la vie l'effet de cette puissance extérieure croît et décroît avec une alternance régulière, dans certains états anormaux, une extraordinaire extinction de cette alternance semble possible, il semble même qu'il puisse être accordé à un homme la puissance d'agir sur un autre en le

1. *Cf.* un passage identique dans le tirage de 1813 : *Die Weltalter*, p. 159 (trad. p. 185).

libérant, en le délivrant de ses chaînes. Ce qui libère la nature subordonnée devient probablement pour elle son supérieur (A^2), devant lequel elle s'abaisse. Ce rapport, d'abord faible et indécis, se développe de plus en plus par la suite. Car ici aussi l'effet est réciproque; à mesure que l'un s'abaisse (jusqu'au $A=B$), l'autre, sous son influence, s'intensifie jusqu'au A^2.
293 C'est là seulement que se trouve le fondement de cet | affaiblissement très particulier chez celui qui provoque le sommeil et qu'un long exercice rend pernicieux. C'est ce qui explique aussi le développement du talent visionnaire en général et de la relation avec le monde des esprits chez un grand nombre de ceux qui ont longtemps exercé ce procédé de guérison.

Aussitôt ce rapport développé, il se produit dans la nature subordonnée cette séparation (ou crise), cette libération de toutes les forces à laquelle les premiers découvreurs ont donné, avec un sûr instinct, le nom de déformation (de désorganisation).

Et si un être humain ou organique n'est susceptible d'être soumis à la douleur tant au sens physique que psychique qu'en raison de l'emprise qu'a sur lui cet exposant externe de la vie, il est bien compréhensible qu'une fois cet exposant supprimé, s'ensuive l'absence totale de douleur et ce sentiment de bien-être qui accompagne la crise mentionnée plus haut, comme il est compréhensible que sa suppression soudaine et instantanée se traduise par la plus haute volupté [1].

C'est le sommeil, dont la nature nous serait restée inconnue sans de telles expériences, qui est le phénomène extérieur de cette crise. Aussi, pour bien des raisons, il me

1. *Cf.* un passage similaire dans le tirage de 1813 : *Die Weltalter*, p. 164 (trad. p. 191).

semble que l'on distingue de façon par trop tranchée le sommeil magnétique du sommeil habituel. Comme nous ne savons que peu de choses ou même rien sur les processus qui se déroulent en celui-ci, nous ne pouvons pas savoir non plus s'ils ne sont pas similaires et identiques à ceux du sommeil magnétique, dont nous n'aurions pas de souvenir à l'état de veille ni guère de science sans le rapport particulier entre le dormeur et celui qui l'hypnotise.

On sait d'ailleurs que les processus internes du sommeil magnétique ne sont pas toujours les mêmes; cette vie intérieure présente des degrés dont nous apercevons en règle générale le plus bas, plus rarement l'intermédiaire, et sans doute jamais le degré supérieur. Si l'on entreprenait d'indiquer les degrés possibles de cette échelle, cela serait à peu près comme suit.

L'échelon le plus bas serait celui où la crise se déclenche, où le côté matériel de la nature humaine se trouve posé en
liberté. Là, en effet, | l'âme inhérente à la matière, mais **294**
toujours liée par la vie supérieure, l'âme qui forme toute chose et guérit tout, peut se déployer librement. C'est là que s'établit le libre commerce entre cette âme et ce qui est supérieur, à savoir l'être spirituel. Ce rapport est la médication universelle de la nature, la cause de toute santé, la teinture[1] par laquelle la

1. *Die Tinktur*. Jakob Boehme (1575-1624) et Oetinger après lui donnent ce nom au principe spirituel, à l'essence subtile qui agit dans le monde des corps. *Cf.* l'article remarquablement informé de T. Griffero, « *La* Tinktur *come corpo spirtuale : l'estetica teosofico di Friedrich Christoph Oetinger* », *Rivista di estetica*, 2001, n°18, 54-69. C'est dans *Les trois principes de l'essence divine* que se trouve le développement le plus clair autour de cette notion (trad. L. de Saint-Martin, La-Bégude-de-Mazenc, Arma Artis, 2007, t. I, p. 198-204). Dans la *Philosophie de la révélation*, Schelling fera état d'une

rigueur de la nature se trouve à chaque fois adoucie. Toute nature subordonnée dont la liaison conductrice avec le terme supérieur est interrompue, est une nature malade; mais cette liaison se trouve toujours justement restaurée par le sommeil magnétique. Serait-ce parce que ce qui s'est intensifié grâce à ce sortilège et contre les intentions de la nature a sombré dans un plus profond sommeil, autrement dit a été ramené à la puissance qui est la sienne (donc aussi à la potentialité par rapport au supérieur), ou bien parce que la vie, affaiblie et rabaissée plus qu'il ne le faut par la puissance supérieure, devient libre pour un moment et respire à nouveau? Dans les deux cas, la force curative du sommeil magnétique repose sur le rétablissement de cette liaison directrice interrompue entre ce qui est le plus élevé et le plus bas.

Le deuxième degré serait celui où le côté spirituel de l'homme deviendrait libre à l'égard de l'âme et l'attirerait à soi, pour lui faire voir, comme dans un miroir, ce qui est caché au plus profond d'elle et s'y trouve encore à l'état enveloppé (pour autant qu'il représente ce qui est encore à venir et éternel en l'homme). Ce degré doit incontestablement être le plus haut que nous connaissions déjà dans le sommeil magnétique, à savoir celui où ce qui est entré en crise est entièrement mort à tout ce qui est extérieur et coupé du monde sensible et où,

croyance selon laquelle « par cette teinture, le corps peut être sans cesse à nouveau rajeuni, préservé de la maladie et rendu capable d'un âge élevé au-dessus de toute détermination ». Il ajoute : « ces articles d'une superstition qui a séduit, à côté de quelques esprits forts, une foule d'esprits faibles, ne sont à la vérité que les débris, les ruines, si l'on veut, les souvenirs obscurs d'une conscience originaire effective dont on cherchait en vain à s'assurer par de telles voies » (SW XIII, 362).

précisément pour cela, les signes d'une plus haute relation se montrent d'eux-mêmes.

Enfin, quant au troisième degré, nous devons le chercher dans des rapports tout à fait extérieurs aux rapports humains ordinaires et à propos desquels, dans le présent contexte, il vaut mieux se taire que parler.

Mais s'il existe des gradations du sommeil magnétique et si l'on peut distinguer, d'autre part, dans le sommeil ordinaire des degrés de profondeur et d'intériorité, il est impossible de savoir jusqu'à quels degrés du sommeil magnétique peut s'élever à son tour le sommeil ordinaire.

Les anciens distinguaient déjà deux sortes de rêves et n'en considéraient qu'une comme envoyée par Dieu. Les rêves peuvent certes varier selon les personnes et les circonstances,
il est | certain que des rêves correspondant au degré supérieur **295**
d'intériorité seraient tout à fait analogues aux visions du sommeil magnétique dont aucun souvenir ne passe dans l'état de veille. Que les rêves soient un phénomène permanent (constant) du sommeil et que nous ne nous gardions aucun souvenir de bien d'entre eux, cela peut être admis aussi sûrement que nous avons conscience que nous ne gardons de beaucoup de rêves que le souvenir général de les avoir faits, que d'autres ne se laissent retenir qu'à l'instant du réveil (et là encore de manière fugitive). Il reste vraisemblable que les rêves plus extérieurs sont souvent des reflets de rêves plus intérieurs qui, bien que troublés et déformés par le milieu qu'ils traversent, parviennent cependant jusqu'à nous.

Si nous voulions ici en même temps appliquer rétrospectivement à un développement antérieur ce qui vient d'être dit, on pourrait se représenter comme possible qu'il revienne à l'homme un pouvoir sur les choses similaire à celui qu'il a sur son semblable. Ce n'est qu'alors, s'il était aussi à même de libérer à nouveau l'intérieur de certaines choses corporelles, qu'il pourrait provoquer cette véritable crise, la crise proprement dite, que la chimie actuelle cherche toujours vainement à déclencher et, avec elle, toute une série de phénomènes totalement différents de ceux de l'expérience ordinaire.

C'est à peine pourtant si nous avons osé effleurer en passant ces grands mystères, car tous les phénomènes dont nous avons mentionné le nom sont reliés de tous côtés et se ramifient en tant de directions. Si nous parvenons un jour à poursuivre cette histoire jusqu'à l'époque et aux conditions qui font apparaître la vie humaine, nous aurons à coup sûr l'occasion d'étendre encore nos pensées et de les corriger, ou de les présenter sous un meilleur jour.

Qu'il nous soit permis par conséquent de ne soulever qu'une question encore, qui permettra à notre pensée fondamentale de gagner en clarté. Pourquoi toutes les doctrines supérieures invitent-elles sans exception l'homme à se séparer de lui-même et pourquoi lui donnent-elles à entendre que, par là, tout serait en son pouvoir et qu'il agirait sur toutes choses, si ce n'est parce qu'il n'a d'autre moyen d'établir en lui
296 | l'échelle de Jacob des forces célestes[1]? Ce qui entrave l'homme, c'est d'être posé en soi; ce qui lui vient en aide, c'est, comme le dit excellemment notre langue, le fait d'être mis hors de soi et nous voyons ainsi, pour en rester aux productions spirituelles, que la liberté, l'indépendance intérieure des forces du cœur conditionne aussi toute création de l'esprit, tandis que nous voyons des hommes empêtrés à mesure de ce qu'ils sont ou deviennent toujours plus inaptes à la production

1. *Gn* 28, 11. *Cf.* un passage similaire dans le tirage de 1813 : *Die Weltalter*, p. 164 (trad. p. 191).

spirituelle. Nous voyons enfin que seul celui qui sait maintenir la dualité divine dans l'unité et l'unité dans la dualité prend part au jeu délicieux et à la liberté pondérée de la création qui s'exigent et se conditionnent mutuellement.

Les Orientaux ont bien connu ce jeu délicieux dans la vie initiale de Dieu, et ils l'appellent de façon expressive la sagesse, telle qu'ils la présentent comme un éclat de la lumière éternelle, un miroir immaculé de la puissance divine et (en raison des propriétés passives qui sont les siennes), une image de sa bonté. Il est admirable de voir qu'ils attribuent généralement à cet être une nature plutôt passive qu'active, et c'est pourquoi ils ne l'appellent pas esprit, ni verbe (ou Logos), avec lequel la sagesse fut par la suite souvent confondue bien à tort, mais ils lui donnent un nom féminin. Cela voulant dire que c'est vis-à-vis du Très-Haut un être seulement passif, seulement réceptif[1].

Dans ce livre, vénéré comme sacré et véritablement divin, qui donne la parole à la Sagesse, celle-ci est comparée à un *enfant**: de même, en effet, qu'on peut dire d'un enfant qu'il est encore sans soi-même, lorsqu'à l'âge le plus tendre toutes les forces internes s'exercent conformément à la nature et s'excitent mutuellement en un jeu gracieux, mais sans qu'on y trouve une volonté, un caractère ou un facteur d'unité qui en assure la cohésion et les dirige, de même cette première extériorisation de Dieu par rapport à lui-même ne représente qu'une unité passive et inexprimée, et se trouve caractérisée

* *Proverbes de Salomon*, chap. 8.

1. *Cf.* un passage parallèle dans le tirage de 1813 : *Die Weltalter*, p. 165 (trad. p. 192).

par l'absence de volonté. Voilà pourquoi cette création ou cet engendrement d'images n'est qu'un jeu délicieux.

297 | La sagesse *jouait* – non sur la terre, qui n'existait pas encore, mais sur la terre de *Dieu*, sur ce qui était pour *Lui* un fondement et un sol; mais le plus grand désir de Dieu, à cette époque primitive déjà, était cette créature qui, en tant que premier lien entre la nature et le monde des esprits, permettait la propagation du mouvement d'attraction jusqu'au plus haut. L'homme est en effet le point où se noue l'univers entier, et l'on peut dire que, pour autant, tout à été aperçu en lui.

Il est superflu de rappeler ce que nous avons dit plus haut[1], à savoir que nous entendons par sagesse cette âme universelle (A^3) qui, immanente à la nature et au monde des esprits, mais aussi en suspens au-dessus des deux, constitue la chaîne conductrice de la sensibilité universelle entre ce qui se tient le plus haut et le plus bas. En un temps si primordial, l'âme jouait en présence du Très-haut et laissait entrevoir, comme à travers le rêve juvénile d'un âge d'or, ce qui devrait être un jour. Mais, de même que le temps de l'innocence ne dure pas et que les jeux de l'enfance dans lesquels la vie à venir se préfigure, sont éphémères, ce bienheureux rêve divin ne pouvait durer non plus. Toute vie simplement germinale est en soi pleine de nostalgie et aspire à être élevée hors de son unité inerte et muette en une unité active et déclarée. C'est ainsi que nous voyons toute la nature prise de nostalgie; c'est ainsi que la terre absorbe avidement la force céleste et que la graine tend vers l'air et la lumière, pour découvrir un esprit qui lui corresponde; c'est ainsi, enfin, que la fleur ondule dans le rayon de soleil, de manière à le réfléchir comme esprit

1. *Cf.* plus haut SW VIII, 276 et 288.

enflammé, comme couleur. Ainsi, plus cette vie déploie ce jeu délicieux, plus elle en appelle intimement à l'invisible pour qu'il l'accepte, l'attire à soi et la reconnaisse comme la sienne propre ; et la sagesse qui monte et descend l'échelle des êtres comme les sons d'une gamme, se lamente, abandonnée, sur le sort de ses créations et déplore que les enfants de son désir ne demeurent pas, mais se trouvent entraînés dans une lutte perpétuelle et y disparaissent à nouveau.

On peut donc appeler ce mouvement sans cesse recommençant, ce mouvement toujours renaissant de l'éternelle nature une infatigable théurgie. Le but et le sens de toute théurgie ne peuvent être que d'attirer la divinité vers le bas
(*coelo deducere numen*) et d'établir en quelque sorte | l'échelle **298**
conductrice qui lui permet d'agir dans la nature.

Nous avons déjà vu comment le mouvement qui s'élève depuis le bas se propage à l'âme du tout (A^3), tandis que le terme intermédiaire l'attire à soi et la détache ainsi du supérieur. Il est certain que c'est seulement quand ce qui représente un être immédiat pour la divinité a été détaché d'elle, que celle-ci s'éprouve comme telle. Nous faisons de même avec ce qui paraît ne faire qu'un, inséparablement, avec nous : nous l'avons comme si nous ne l'avions pas, mais s'il nous est enlevé, nous le ressentons pour la première fois comme nôtre. Il ne s'ensuit cependant pas que la divinité soit maintenant à même de s'extérioriser ou d'attirer l'être à soi, ou qu'elle s'y trouve contrainte : si l'en était ainsi, elle ne serait pas l'éternelle liberté*.

* En marge figure cette remarque en vue d'élaborations plus tardives : « tout cela suppose une explication des termes "être", "être-là", "existence" ». On trouve du reste de telles notations en plusieurs passages du manuscrit [Note de l'éditeur, KFA. Schelling].

Jusqu'ici, nous avons considéré la divinité exempte de nature comme une volonté qui ne veut pas, et nous pouvons toujours la voir ainsi, puisque, dans chaque cas, elle se comporte ainsi à l'égard de l'être. Mais c'est justement *parce qu'*elle est cette limpidité suprême, que, sans supprimer celle-ci, elle se comporte nécessairement d'une façon opposée à l'égard de ce qui est autre (à l'égard de l'être). Éclaircir ce point est maintenant la prochaine tâche qui nous incombe.

Dans la divinité pure il n'y a aucun devenir; elle reste ce qu'elle est, en soi; mais précisément dans cette permanence, elle prend nécessairement une double forme à l'égard de l'être extérieur. Pour autant, en effet, qu'elle n'est en soi ni étant ni non-étant, elle nie, par son essence même, par sa nature, tout être extérieur. Elle le fait d'abord de manière tacite; mais lorsqu'un tel être vient s'adjoindre, s'il lui agrée de le reconnaître elle le fait alors nécessairement de manière explicite et active. La divinité est toujours le *non* dit à tout être extérieur. C'est seulement parce qu'elle est maintenant active comme telle, qu'elle se manifeste, qu'elle fait surgir l'être extérieur. Seule est donnée la relation par laquelle elle apparaît comme ce qu'elle est. Il s'agit d'un devenir, mais pas d'un devenir par rapport à elle-même, mais relativement à l'être. Tout devenir
299 doit en général être entendu de la divinité pure | uniquement en rapport (σχετικῶς, selon l'expression des anciens théologiens), et non au sens absolu ou en rapport à elle-même.

Immédiatement donc, dans sa relation à l'être extérieur, mais sans changement ni modification en elle-même, elle *est* pour cet être extérieur un *non* destructeur, une éternelle force de colère qui ne tolère aucun être hors de soi. Mais on peut tout aussi bien dire l'inverse : cette force de colère n'est pas une propriété, un principe ou une partie de la divinité, elle est la divinité tout entière, pour autant qu'elle existe en soi et constitue l'être essentiel. Car il est clair que cet être essentiel est d'une irrésistible rigueur, que rien ne peut l'approcher, qu'il est un feu dans lequel rien ne peut vivre. Étant donné cependant que la divinité n'est en soi ni un étant ni un non-étant, il faut *nécessairement* qu'elle soit un *non* destructeur opposé à tout être extérieur et elle doit aussi, cela présupposé, certes pas avec la même nécessité originelle, mais nécessairement tout de même (car autrement elle serait, non la volonté qui ne veut pas, mais la volonté qui ne veut rien, la volonté qui nie, et par conséquent une volonté déterminée), être un éternel *Oui*, un amour qui fortifie, l'Être de tous les Êtres. La divinité est le *oui* éternel sans aucun changement ni aucune modification en elle-même, non parce que sa limpidité serait supprimée, mais précisément parce qu'elle est la limpidité suprême, la plus grande liberté. Elle *est* dénuée de tout mouvement, dans le plus parfait repos, immédiatement par soi-même. Et inversement aussi cet amour n'est pas une propriété, une partie ou un simple principe de la divinité; il est *la divinité même*, totale et indivise.

Mais précisément parce que la divinité est totale et indivise, qu'elle est l'éternel *oui* et l'éternel *non*, elle n'est ni l'un ni l'autre, mais l'unité des deux. Il ne s'agit pas ici d'une véritable trinité de principes séparés, mais la divinité *est*, en tant qu'*Un*, et justement parce qu'elle est *Un*, elle est aussi bien le *oui* que le *non* et l'unité des deux.

Dans ce *oui* et dans ce *non* résident cette répulsion et cette attraction que nous avons exigées plus haut comme nécessaires à la conscience. En tant que *non*, la divinité est une flamme qui attire et qui absorbe. Mais, en tant que *oui*, elle est la cause de cette contrainte pleine de tendresse qui maintient

300 la | dualité dans l'unité, et, dans cette attraction et répulsion, elle s'élève à l'unité des deux, c'est-à-dire à la plus haute conscience.

C'est justement en tant qu'éternelle liberté qu'elle peut se comporter à l'égard de l'être comme le *oui*, le *non* et l'unité des deux. Car il faut expressément rappeler que ces différences ne sont pas des différences qui s'attachent à l'Être, mais des différences de comportement, des différences qui concernent l'essence unique respectivement à l'être. Mais, à l'inverse, c'est seulement parce que la divinité se comporte ainsi à l'égard de l'être qu'elle est l'éternelle liberté. Si elle était simplement un *oui* ou un *non*, il lui faudrait adopter l'être d'une manière ou d'une autre, l'affirmer ou le nier. Si elle est la plus haute liberté, c'est justement parce qu'elle est l'un et l'autre, et tout aussi essentiellement. Il fallait que tout cela soit pour qu'on ne trouvât jamais un fondement nécessaire du monde, et qu'il apparût en pleine lumière que tout ce qui est n'est que par la volonté divine totalement libre.

Nous atteignons ici le point de basculement entre nécessité et liberté. Jusque là le progrès de la vie était nécessaire; si, à partir de maintenant, la vie continue de progresser, ce ne peut être qu'en vertu d'une libre décision divine. La divinité peut se maintenir tranquillement dans cet équilibre entre attraction et répulsion; rien ne l'oblige à le rompre ou à en sortir d'une manière ou d'une autre.

Si donc la divinité a assumé l'être, si elle s'est activement révélée à travers lui (ce qui, nous devons le reconnaître, a effectivement été le cas), la décision de le faire n'a pu venir que de la plus haute liberté.

Mais une fois posé que la divinité a effectivement assumé l'être, comment, de quelle manière a-t-elle pu le faire ? Est-ce en l'attirant en soi, en le niant comme un être extérieur indépendant d'elle, ou en l'affirmant dans son indépendance à son propre égard ? Ni dans le premier ni dans le deuxième cas, elle ne se serait révélée comme ce qu'elle est, comme un *oui* et un *non* également éternels. Et, pourtant, si c'est librement que la divinité s'est décidée à se révéler, le but de cette révélation ne pouvait être que celui de se révéler comme celle qui était libre de se révéler et de ne pas se révéler, comme l'éternelle liberté elle-même.

Il était donc impossible que la divinité devînt active en tant
qu'éternel *non*, | sans l'être aussi en tant qu'éternel *oui*, et 301
inversement, et néanmoins il est impossible qu'une seule et même chose soit étante à la fois comme *oui* et *non*; il est absolument nécessaire que la divinité se décide à être l'un sans être l'autre ou l'autre sans être l'un.

Voilà donc la plus haute contradiction que l'on puisse concevoir, celle qu'on ne peut résoudre en disant que Dieu est déjà par nature l'un des deux (comme *oui* ou comme *non*) et pourrait donc admettre à l'égard de l'autre le rapport de ce qui est non-actif. Car Dieu est aussi essentiellement les deux. Il doit donc être également actif comme l'un et comme l'autre.

Comment résoudre alors une telle contradiction? Certainement par une détermination plus étroite. Si Dieu, agissant comme l'éternel *non*, est étant (s'il existe), il ne peut aussi agir comme l'éternel *oui*. Pour le dire plus brièvement, mais aussi pour appliquer à un cas plus élevé la désignation qui nous est déjà habituelle, nous dirons : si B est étant, A ne peut pas l'être, il ne peut pas être le *même* étant que B, c'est-à-dire, d'après ce que nous avons admis, en tant que présupposé, en tant qu'antécédent. Cela n'empêche pas que A soit étant en tant que conséquent et, inversement, si A est étant (ce qui jusqu'à présent n'est pas décidé, mais seulement admis, au cas donc où A est étant), B ne peut pas être étant *comme lui*, c'est-à-dire d'abord et maintenant, ce qui ne l'empêche cependant pas d'être étant par la suite, à l'avenir.

Cependant, si B ou A est étant, il ne suffit pas que A ou B ait la possibilité de l'être, mais, puisque Dieu est les deux tout aussi essentiellement, le rapport doit plutôt être de cette nature-ci : Dieu étant posé comme l'un des deux termes, il doit de ce fait, nécessairement, être posé comme l'autre, mais de telle sorte que l'existence de l'un soit fondement de l'existence de l'autre. Pour le dire en termes plus généraux, ce rapport de contradiction est donc résolu par celui de fondement en vertu duquel Dieu est étant comme le *non* et comme le *oui*, mais de telle sorte que l'un est l'antécédent, le fondement et l'autre le conséquent, ce qui est fondé.

302 Il n'en demeure pas moins que, si l'un est étant, | l'autre ne peut l'être *de la même manière*; autrement dit il reste que les deux s'excluent du point de vue du temps ou que Dieu en tant que *non* et Dieu en tant que *oui* ne peuvent pas être l'étant *en un même temps*. Nous employons ces mots délibérément, car il ne peut s'agir ici d'un rapport tel que, si le conséquent, A, est étant, l'antécédent, B, serait supprimé ou cesserait absolument d'être l'étant; mais toujours et nécessairement B reste l'étant de *son temps*, et, A étant posé, B doit toujours exister *comme l'antécédent*, de sorte que A et B existent simultanément, *à des moments différents*. Car des temps différents (concept qui, comme tant d'autres, a totalement disparu de la philosophie moderne) peuvent bien, en tant que différents, être simultanés, voire *doivent*, pour parler exactement, être simultanés. Le passé n'est pas un temps aboli. Certes, ce qui est passé ne peut pas exister comme s'il était présent, mais il doit coexister en tant que passé avec le présent. Ce qui est à venir n'est certes pas comme une chose présentement étante, mais il coexiste avec le présent en tant qu'il est un futur étant, et il est tout aussi absurde de penser à l'être-passé qu'à l'être-futur comme à un non-être total.

C'est donc seulement lorsqu'elle se trouve portée au plus haut degré d'intensification que la contradiction brise l'éternité et pose une succession d'éternités (d'éons) ou d'époques, au lieu d'une seule. Or une telle suite d'éternités est ce que nous appelons ordinairement le *temps*. L'éternité se résout donc en temps dans cette décision.

Une pareille décision était impossible du fait de la contradiction antérieure au sein de la nécessité primordiale de Dieu. Car il n'existait pas alors d'Être qui fût libre d'être entièrement l'un (B, par exemple) et de ne pas être l'autre. Il y avait là une nécessité aveugle et toutes les forces étaient déjà en action. Il s'agissait de conduire de la succession à la simultanéité les forces qui se repoussaient et s'excluaient l'une l'autre en un circuit incessant, ce qui n'était possible qu'à condition qu'elles se ramènent toutes ensemble à l'exprimable, à une totalité, relativement à une puissance supérieure. Ici, par
contre, il est question de la plus haute ipséité du divin, | qui ne **303**
peut jamais se faire être vis-à-vis d'autre chose. En chacune des figures qu'il emprunte (si l'on me permet cette expression), en tant que *oui*, en tant que *non*, et en tant qu'unité des deux, il ne peut être qu'étant et agissant, ce qui, du point de vue de la contradiction entre le *oui* et le *non*, se conçoit uniquement au moyen du concept de temps différents. Ce qui importe donc plutôt ici, c'est le fait que la simultanéité entre les différentes figures se voit supprimée et transformée en succession.

Voilà ce qui devait arriver pour qu'une décision s'ensuive. Mais cela n'explique pas le *comment* de la chose.

Déjà, d'une façon générale, et sans qu'il soit besoin de développer encore des raisons plus profondes, il n'y a aucun doute à avoir sur ce qui sera le commencement ou le premier principe, à savoir Dieu comme éternel *oui* ou comme éternel *non*. – Ce dont il est question ici, en effet, c'est de la naissance de Dieu du point de vue de son ipséité suprême ou pour autant qu'il est éternelle liberté. Or, c'est précisément *en tant qu'*il est cette liberté que Dieu est le *non* éternel de tout être extérieur, sans qu'il le soit jamais librement, mais de manière nécessaire. Cette négation de l'être extérieur est à nouveau l'élément nécessaire de l'éternelle liberté même ou le nécessaire en elle. Mais ce n'est pas ce qui est nécessaire qui doit naître, c'est l'élément libre de Dieu (c'est-à-dire de l'éternelle liberté). Il en résulte que le nécessaire peut seulement se comporter comme fondement de cette naissance et par conséquent comme ce qui la précède. Le nécessaire nous a prouvé partout qu'il est le premier principe (*Prius*) et la liberté le conséquent ou, ce qui revient au même, la liberté apparaît partout comme victorieuse de la nécessité. Si Dieu était d'abord le *oui* et ensuite le *non* de l'être extérieur, c'est la nécessité, au contraire, qui serait victorieuse de la liberté. Il y aurait là un processus entièrement régressif. Mais, avec la succession opposée, c'est un progrès des ténèbres à la lumière, de la mort à la vie qui a lieu.

Dans le même acte par lequel Dieu a choisi de se révéler, il a donc été décidé que Dieu en tant que *non* éternel serait le fondement de l'existence de l'éternel *oui*; et il a été déterminé du même coup que Dieu en tant qu'éternelle négation de l'être extérieur serait surmonté par l'amour.

| On ne saurait pourtant se représenter dans la divinité 304
quelque contrainte que ce soit. Tout, au contraire, repose sur une volonté éminemment libre. Il en résulte que Dieu, pour autant qu'il est l'éternel *non*, loin de pouvoir être dominé, ne peut être contraint que par la bonté à céder à l'amour et à devenir son fondement. C'est ainsi que nous devons nous repré-

senter le déroulement de ce processus, sans pouvoir affirmer que les choses se sont effectivement passées ainsi. Car Dieu en tant que *non*, en tant que *oui* et unité des deux ne fait pourtant qu'un : il n'y a pas en lui trois personnalités séparées. On ne peut donc se figurer que tout se passe en lui comme en un éclair, car cela est compris comme un événement sans pourtant avoir eu lieu effectivement (*explicite*). Cette décision issue de l'unité la plus profonde est seulement comparable à cet acte originaire inconcevable dans lequel la liberté d'un homme se décide pour la première fois. De l'homme qui hésite à être tout entier ceci ou cela, nous disons qu'il est sans caractère ; de celui qui est décidé, chez qui s'annonce un Exprimant déterminé de tout l'Être, nous disons qu'il a du caractère. Et pourtant il est admis que nul n'a choisi son caractère en s'appuyant sur des raisons ou des réflexions ; personne ne s'est consulté à ce sujet ; chacun regarde son caractère comme une œuvre de la liberté, en quelque sorte comme un acte éternel (qui ne s'interrompt jamais, incessant). Le jugement moral universel reconnaît donc en tout homme une liberté qui est à elle-même son propre fondement, qui est à elle-même destin, à elle-même nécessité. Mais la plupart des hommes s'effraient devant cette liberté abyssale, de même qu'ils s'effraient de la nécessité d'être pleinement ceci ou cela. Et, dès qu'ils aperçoivent un rayon de liberté, ils s'en détournent comme d'un éclair consumant tout, ils se sentent terrassés par elle comme par une apparition de l'ineffable, de l'éternelle liberté, de ce qui n'a aucun fondement[1].

1. *Cf.* un passage similaire dans le tirage de 1813 : *Die Weltalter*, p. 178 (trad. p. 206).

Telle est donc cette liberté inconditionnée, qui n'est pas la liberté d'un acte particulier, mais le pouvoir d'être soit tout l'un soit tout l'autre des contradictoires.

Il fallait que fût reconnu en un seul et même acte indivisible que, si Dieu voulait se révéler, il ne pouvait le faire
305 que comme un éternel *non*, | un éternel *oui* et l'unité des deux ; il devait être reconnu en lui que la révélation ne pouvait avoir lieu que suivant les temps ou en une succession, et que ce qui devait être posé au commencement est précisément ce qui devait être surmonté, à savoir le nécessaire de la liberté divine, ou le *non* opposé à tout être extérieur et, par là, à toute révélation (car il n'y a pas de commencement sans surmontement) ; tout cela était contenu dans une seule et même décision, la plus libre de toutes et la plus irrésistible à la fois, par un miracle de l'éternelle liberté, laquelle est elle-même son seul fondement et, par là, sa propre nécessité.

Voilà ce que l'on pouvait dire de la manière dont a eu lieu la grande décision par laquelle, en Dieu comme éternel *non*, l'éternelle rigueur et l'éternelle nécessité se trouvaient posés au commencement de sa propre révélation.

Ici commence l'histoire de l'effectuation ou des révélations proprement dites de Dieu. Nous avons donné le nom d'éternelle naissance à l'être éternel en lequel Dieu devient étant pour la première fois du fait de sa relation à la nature éternelle[1]. Mais, à travers cette naissance, Dieu a été posé non comme un étant, mais comme ce qui n'est ni étant, ni non-étant, comme le pur pouvoir-être, comme l'éternelle liberté à l'égard de l'être, comme celui qui, si jamais il devenait effectif, aurait seulement en lui-même le fondement

1. *Cf.* plus haut SW VIII, 269.

et le commencement de son effectivité et qui, s'il devait être commençant, ne le serait nullement de manière nécessaire et éternelle, mais librement.

Sans un libre commencement, il n'y aurait pas à proprement parler d'histoire du monde. Ceux qui ne le comprenaient pas ne pouvaient trouver d'accès à cette histoire réelle.

C'est maintenant une idée répandue, qui veut que toute l'histoire du monde soit une progressive révélation de Dieu[1]. Mais comment la divinité en est-elle arrivée là ou de quelle manière commença-t-elle à se révéler ?

La réponse est que Dieu est, de par sa nature, et donc nécessairement, un être qui se révèle (un *ens manifestativum sui*). Cette réponse est courte, mais insuffisamment claire. Il est difficile de penser cette création du monde, que le sentiment général a toujours regardée comme l'œuvre de la grâce et d'une volonté éminemment libre, comme quelque chose de contraint. Mais, comme nous ne situons déjà | l'ipséité propre **306**
en l'homme que dans la liberté surabondante, nous ne ferons pas de Dieu un Être simplement nécessaire et regarderons ce qui en lui relève d'une liberté insaisissable comme son ipséité proprement dite. Mais ce dont il est question, c'est justement de la révélation de cette ipséité suprême de la divinité. Or, ce qui est libre ne l'est justement que parce qu'il n'est pas contraint de se révéler. Se révéler, c'est agir et tout agir est révélation de soi. Mais le libre doit être libre pour rester à l'intérieur du pur pouvoir ou passer à l'acte. S'il passait à l'acte nécessairement, il ne le ferait pas comme ce qu'il est effectivement, à savoir un être libre.

1. Probable allusion à Schlegel et à son idée d'une révélation primordiale.

D'autres, cependant, partent du fait que Dieu est esprit, qu'il est l'être le plus pur. Mais, quant à la manière dont cet esprit a pu se révéler, ils confessent volontiers ne rien en savoir et admettent seulement, comme c'est souvent le cas, faire de l'ignorance, comme de nécessité, vertu. Le fondement de cette ignorance est clair. Car si la divinité est une éternelle liberté d'être, de se rendre effective ou de se révéler, on ne saurait poser, en même temps que l'éternel pouvoir-être ou pouvoir-se-rendre-effectif, le véritable être ou l'acte de se rendre effectif. Entre la possibilité et l'acte, il faut que quelque chose s'introduise si l'on veut que la possibilité devienne un acte libre : cela, même les esprits les plus communs le comprennent. Mais, dans cette éternité pure en laquelle ils situent Dieu, il n'y a aucune distance, aucun avant et après, rien qui soit antérieur ni postérieur. C'est ainsi que, pour ceux qui ne veulent reconnaître que la pure divinité, même la simple idée qu'il doive exister quelque chose entre la possibilité et l'effectivité, perd son sens.

Si la divinité était effective de toute éternité (au sens suffisamment déterminé de ce qui est extérieurement manifeste), elle ne serait pas la puissance de se rendre effective. Mais comme la divinité peut seulement se donner une réalité effective à partir de sa libre éternité, il faut, pour que celle-ci reste intacte et libre, qu'existe, entre la libre éternité et l'acte d'effectuation, quelque chose qui les sépare l'une de l'autre. Ce quelque chose ne peut être que le temps, non le temps dans l'éternité même, mais le temps coexistant avec elle. Ce temps extérieur à l'éternité est ce mouvement de l'éternelle nature où l'éternelle nature, s'élevant depuis le plus bas degré, atteint
307 toujours à ce qui se tient le plus haut, | et retourne à nouveau

vers le plus bas, pour recommencer son ascension. C'est seulement à ce mouvement qu'elle se reconnaît elle-même comme l'éternité; c'est à ce mouvement d'horloge que la divinité compte et mesure non pas l'éternité proprement dite (car celle-ci est toujours entière, complète et indivisible: elle est au-dessus de tout temps et pas plus éternelle dans la succession de toutes les époques que dans l'instant), mais seulement les moments de la constante répétition de son éternité, c'est-à-dire compte et mesure le temps lui-même, temps qui, comme le dit déjà Pindare, n'est que le simulacre de l'éternel. Car il faut concevoir l'éternité non comme l'ensemble de ces moments du temps *pris ensemble*, mais comme ce qui coexiste avec chacun des moments, de telle façon qu'en chacun d'eux pris isolément, elle ne voie qu'elle-même (l'éternité entière, immesurable).

C'est une question si naturelle que l'enfance, déjà, se la pose : à quoi Dieu s'occupait-il avant de créer le monde? A y regarder de plus près cependant, on se rend compte que, la création devant être un acte libre, il fallait que passent toutes les pensées ou les concepts, pourtant nécessaires, d'une *durée* de cet état inexprimé. Puisque l'éternité en et pour soi n'a aucune durée et que seul en a une le temps qui lui fait face, cette éternité d'avant le monde se réduit à rien ou, ce qui revient au même, à un simple moment. Habituellement, les docteurs s'aident en évitant la question. Mais c'est précisément le fait de laisser cette question sans réponse, qui, comme on l'a dit, frappe déjà l'esprit de l'enfant, que se trouve la cause de l'incroyance générale. S'ils connaissaient l'Écriture, ils n'auraient aucune peine à trouver la réponse, car elle nous montre dans quelle confiante proximité se trouvait la sagesse en ces temps primordiaux, auprès de Dieu. La sagesse était comme son enfant bien aimé et jouissait de la plus douce des béatitudes, mais était aussi pour Dieu source de joie, car il pouvait, à ce moment-là, grâce à elle, entrevoir par avance toute l'histoire future. Elle déployait sous ses yeux la grande image du monde et de tous les événements qui devaient se produire dans la nature et le royaume des esprits.

Pour Dieu, cette résolution de manifester temporellement sa plus haute ipséité a sa source dans la liberté la plus pure. C'est précisément grâce à cette liberté qu'il garde la puissance de déterminer le temps et l'heure de sa révélation et de commencer à son gré ce qui était entièrement l'œuvre de son plus libre vouloir. La doctrine selon laquelle Dieu a créé le monde
308 dans le temps | est un appui de la foi authentique; le travail que je me suis imposé en écrivant ce livre serait récompensé s'il rendait cette seule idée concevable et compréhensible. Or puisqu'en Dieu même, il n'existe aucun temps, comment aurait-il pu le créer dans le temps, s'il n'y avait pas un temps extérieur à lui ? Ou comment une détermination de ce temps aurait-elle été possible, si, avant la création, il n'y avait eu un mouvement en-dehors de Dieu, dont la répétition mesure le temps.

Dieu, dans sa plus haute ipséité, n'est pas manifeste, il se manifeste; il n'est pas effectif, il le devient, et cela justement pour apparaître comme l'être le plus libre. C'est pourquoi, entre la libre éternité et l'acte, apparaît quelque chose d'autre, dont la racine est indépendante de cette éternité et qui, bien qu'éternel, est ce qui commence (ce qui est fini), afin qu'il y ait éternellement quelque chose grâce à quoi Dieu puisse se rapprocher de la créature et communiquer avec elle, afin que la pure éternité demeure toujours libre à l'égard de l'être et que ce dernier n'apparaisse jamais comme une émanation de l'éternel pouvoir-être, afin donc qu'il y ait toujours une différence entre Dieu et son être.

Dans la science comme dans la vie, les hommes se laissent toujours dominer par des mots plutôt que par des concepts clairs. C'est ainsi que, d'une part, ils désignent Dieu de manière imprécise comme un être nécessaire et que, d'autre part, ils s'insurgent lorsqu'une nature est attribuée à Dieu. Ils voudraient ainsi donner l'apparence de sauver la liberté divine. Mais ce qui précède montre combien peu ils la comprennent, et même qu'ils ne la comprennent pas du tout, car sans nature la liberté en Dieu ne pourrait être séparée de l'acte et ne serait donc pas une liberté effective. C'est ainsi qu'ils rejettent, comme de juste, le système de la nécessité universelle, mais ne s'en élèvent pas moins contre toute succession en Dieu, alors que, s'il n'y a pas succession, il n'existe qu'un seul système. En d'autres termes, avec l'essence divine, tout est simultané, tout est nécessaire. De cette manière, ils repoussent, comme ces aveugles que l'on remarque aussi dans la vie, ce qu'ils cherchent avec le plus d'avidité (sans jamais le comprendre) et qui s'attirent ce qu'ils entendaient proprement fuir.

Qui a suivi attentivement ce qui précède doit avoir | perçu **309**
par lui-même combien le fait de revêtir l'être ou la vie introduit en revanche dans le Très-Haut la même succession que celle qui a lieu entre les principes au sein de la nature éternelle. Car là encore, la première chose qui émerge dans l'être est une volonté de négation, rigoureusement nécessaire, qui se fait en même temps le fondement d'un terme supérieur. Ce terme supérieur, bien qu'il ne soit pas libre au sens propre du terme (parce qu'il est une pure volonté d'amour), est une volonté pondérée; au-dessus des deux s'élève enfin la volonté libre et consciente, qui est esprit au sens éminent du terme, de la même

manière que, dans la nature éternelle, l'âme était le troisième principe.

Nous pouvons par conséquent considérer cette révélation successive comme une succession de puissances que l'être doit traverser pour atteindre son accomplissement; il devient même nécessaire d'établir, à compter de maintenant, la distinction suivante. Pour autant que les forces qui se trouvent dans l'être ont cessé de s'exclure et sont devenues explicites, elles ont également cessé d'être des puissances, de sorte qu'à l'avenir, nous ne leur donnerons plus que le nom de principes. En tant que puissances, les opposés s'excluent nécessairement et, de même qu'il est impossible qu'un nombre soit en différentes puissances au même moment, alors qu'il se peut bien qu'il soit posé à la deuxième puissance, puis qu'il se trouve, plus loin dans la succession, élevé à la troisième, de même l'étant de l'être ne peut, dans le même temps, qu'être un, par exemple une force de négation, ce qui n'empêche pas que l'étant de ce même être soit autre qu'il n'était en un temps suivant, voire lui soit opposé. Nous ne donnerons plus désormais le nom d'une puissance qu'à l'étant de chacune de ces époques.

D'une façon générale, cet accord entre la vie objective et la vie subjective d'un être n'a rien qui doive surprendre. Ce qu'un Être est intérieurement ou selon l'être, il doit aussi l'être de manière manifeste ou selon l'étant. Pour autant qu'elles apparaissent successivement, les forces qui, dans leur simultanéité, constituent son existence intérieure, sont (non par le nombre, mais par nature) les puissances de sa vie ou de son devenir et l'élément déterminant des périodes ou époques de son développement.

310 L'intériorité de tout être organique repose sur trois | forces principales: la première (pour en donner brièvement un

simple exemple), par laquelle il est en soi-même et se produit constamment, la deuxième en vertu de laquelle il tend vers l'extérieur, et la troisième, par laquelle il réunit dans une certaine mesure la nature des deux premières forces. Chacune de ces forces est nécessaire à l'être intime du tout, lequel serait supprimé si l'on en retirait une. Mais ce tout n'est pas un être fixe; une fois l'essence posée comme être, un étant se trouve immédiatement là. Mais comme dans l'étant se trouvent les mêmes forces que dans l'être et comme l'étant de chaque temps ne peut être qu'un, il en résulte que les mêmes forces qui étaient à l'œuvre à l'intérieur (celles-là même qui s'accordaient à sa nature), se manifestent résolument à l'extérieur. C'est ainsi que, dans la succession, ces forces deviennent les puissances des périodes de sa vie extérieure, de même que, dans la simultanéité, elles étaient les principes de son être permanent. Et c'est en ce sens qu'on dit par exemple que, dans les premiers temps de la vie, règne l'âme végétative, dans un deuxième temps l'âme locomotrice et dans un troisième l'âme sensitive[1]. C'est encore dans le même sens que l'on dit (nous ne cherchons pas à savoir pour quelles raisons) que l'époque primitive de la vie de la terre a été l'époque magnétique, après

1. Schelling s'éloigne assez du découpage établi par Aristote dans le *De Anima* II, 3, 414a31-32. Cf. *Exposé de la philosophie rationnelle pure*, SW XI, 447 : « la première est l'âme simplement instrumentale, qu'Aristote appelle l'âme végétative ou nutritive. Quant à celle qui lui est immédiatement supérieure, cela peut susciter des doutes. Aristote dit : l'âme sensitive, parce que certains animaux n'ont pas la libre locomotion (allant de pair ave un déplacement manifeste), sans que l'on puisse pour autant leur dénier la sensation (la plus grossière qui soit assurément). Il faut toutefois distinguer ici *potentia* et *actus*. L'âme locomotrice est *potentia* antérieure à l'âme sensitive, ne serait-ce que parce qu'elle est déterminée par elle, qui est déterminante » et 452. *Cf.* un passage similaire dans le tirage de 1813 : *Die Weltalter*, p. 180 (trad. p. 208).

quoi la terre serait entrée dans la période électrique, même s'il est bien connu qu'en tout temps, la cohésion interne de la terre a requis toutes ces forces.

Il en va donc de la suite des puissances (ce mot étant pris au sens déjà établi) comme d'une suite de temps. Cette loi seule est à même de manifester l'organisme des temps.

C'est ainsi que l'opposition se présente à sa véritable hauteur et qu'apparaît son caractère non moins inconditionné que celui de l'unité. Celle-ci demeure dominante (bien qu'atténuée en simple connexion) dans l'être, tandis que c'est la liberté insurmontable de cette opposition qui apparaît dans l'étant, et la façon dont à son tour cette dernière se subordonne l'unité.

L'Éternel n'existe que par sa volonté; c'est par une libre résolution qu'il devient l'étant de l'être. Mais, cela étant présupposé, il restait lié relativement à la succession de sa révélation, bien qu'il ne tînt qu'à lui de ne pas se révéler. La décision de se révéler et de se poser comme susceptible d'être surmonté en tant que *non* éternel ne fut qu'une seule et même
311 décision. C'est pourquoi elle | est en quelque sorte une œuvre de la plus haute liberté, voire une œuvre du plus haut amour. Ce qui a la préséance au sein de la révélation n'est donc en aucun cas le subordonné en soi, mais ce qui est posé comme subordonné, tandis que ce qui lui fait suite n'est pas en soi plus effectif ou plus divin, mais est librement reconnu comme supérieur à ce qui le précède. La priorité est en rapport inverse avec la supériorité, deux concepts dont la confusion n'est

possible qu'en raison de la cécité en matière de jugement qui caractérise notre époque[1].

A cela se rattachent également les concepts habituels. Selon la doctrine généralement admise, la création est aliénation, abaissement. L'Éternel ne prend pas pour commencement ce qui en lui est inférieur ou destiné en soi à être surmonté, mais il prend pour commencement ce qu'il aperçoit volontairement comme tel, ce qu'il veut voir, ce en quoi il est la force toute-puissante, la force la plus intime. Cette force ne peut être surmontée tant qu'elle reste intérieure, mais s'offre à le devenir dès qu'en elle, l'Éternel se fait l'étant de l'être.

La volonté de négation, de renfermement, doit précéder dans la révélation, afin que quelque chose soit pour soutenir et supporter la faveur de l'Être divin, qui pourrait bien sinon ne pas se révéler. La force doit précéder l'indulgence, la rigueur doit précéder la douceur et la colère l'amour. Ce n'est que par l'amour que celui qui est porté à la colère devient véritablement Dieu.

Comme dans la vision nocturne où le Seigneur passa devant le prophète, il y eut tout d'abord une violente tempête qui lacéra les montagnes et fracassa les rochers, puis un tremblement de terre, et enfin un feu, mais dans tout cela n'était pas le Seigneur lui-même, il était en revanche dans la douce brise qui a suivi; de même, dans la révélation de l'Éternel, la puissance, la violence et la rigueur doivent venir en premier, jusqu'à ce que lui-même puisse apparaître dans le souffle apaisant de l'amour[2].

1. *Cf.* un passage similaire dans le tirage de 1813 : *Die Weltalter*, p. 181 (trad. p. 209).

2. 1 *Rois* 19, 11-12. *Cf.* un passage similaire dans le tirage de 1813 : *Die Weltalter*, p. 181 (trad. p. 210).

Tout développement présuppose un enveloppement; c'est dans l'attraction que réside le commencement et la force de contraction constitue la force véritablement originale, la force radicale de toute vie. Toute vie commence par ce resserrement; pourquoi sinon toutes choses progresseraient-elles du petit vers le grand, de l'étroit vers le large, vu que, s'il ne s'agissait que d'un progrès pur et simple, l'inverse se pourrait tout aussi bien?

312 | Ténèbres et fermeture sur soi : voilà ce qui caractérise le temps originel. Plus nous remontons dans le passé, et plus la contraction se montre puissante. C'est vrai des montagnes du monde primitif, comme des plus anciennes productions de l'esprit humain. On retrouve le même caractère de fermeture sur soi dans le sérieux taciturne de l'Égyptien, dans les gigantesques monuments de l'Inde, qui ne semblent pas construits pour un temps, mais pour l'éternité, et jusque dans la calme grandeur, dans la sublime sérénité des œuvres grecques les plus anciennes qui portent toujours en elles, encore que tempérée, la force de cet âge du monde si compact[1].

Nous suivons maintenant le chemin des temps. C'est un acte transcendant[2], analogue à celui par lequel l'homme se décide à être tout à fait tel ou tel, qui dénoue la contradiction. A partir de maintenant, Dieu est seulement un, il n'est que négation opposée à l'être. En tant qu'il est cette force de négation, Dieu est un feu qui attire l'être en lui et rend donc ce qu'il attire entièrement un avec lui. Jusque là la dualité subsistait encore; il y avait totalité et unité, lesquelles,

1. *Cf.* un passage identique dans le tirage de 1813 : *Die Weltalter*, p. 182 (trad. p. 210).

2. Nous suivons toujours Pascal David lorsqu'il traduit *überschwenglich* (débordant, surabondant) par transcendant (p. 211).

toutefois, se trouvent maintenant fondues en un seul être. Ce qui est attiré et retenu, c'est l'éternelle nature, le tout ; ce qui attire et retient est un. L'ensemble donc, que nous pouvons désigner au moyen de l'illustration suivante :

$$\frac{A^3}{A^2=A=B}$$

B est l'un et le tout (ἓν χαὶ πᾶν), dans leur liaison intime. Mais, à ce propos, il ne faut pas perdre de vue que l'un, la puissance qui attire à soi est, en face de la nature, une force éminemment spirituelle, voire un esprit pur, encore qu'il n'œuvre pas avec liberté et pondération. Car cette force de négation qu'est Dieu à l'égard de l'être, du fait de sa limpidité, l'est, comme nous l'avons montré, non en vertu de sa liberté, mais de la nécessité de sa nature. Dans cette indistinction originaire, où un seul et même *oui* éternel et *non* éternel constituait une seule et même chose, tandis qu'au-dessus d'eux se tenait un esprit pondéré, la rigueur et la nécessité de l'Être divin se sont elles aussi élevées à la pondération et à la conscience. Dieu, s'étant décidé à être le *non* pur et simple, entre maintenant dans sa nature aveugle et ténébreuse, dissimulée en lui et qui ne pouvait devenir visible que par la séparation. La vie | se trouverait-elle donc maintenant ramenée 313
au niveau d'une nécessité aveugle, elle qui, au moment précédent, avait été élevée à la liberté et à la pondération ? Comment cette rechute s'accorde-t-elle avec ce que nous avons dit de l'impossibilité de tout mouvement régressif ? Qui résout ce problème saura en résoudre beaucoup d'autres, même pour ce qui touche à l'histoire de la nature et de l'humanité. Il est nécessaire, chaque fois que la vie entre dans une nouvelle époque, qu'elle se donne à nouveau un commencement, et il est inévitable que ce commencement ou ce premier stade de la nouvelle époque apparaisse comme une régression par rapport au dernier stade, le plus haut, le plus élevé, de

l'époque précédente : en comparant puissance à puissance, on trouve que la suivante est située à un niveau plus profond que la précédente, car celle-ci était nécessairement en son temps une puissance supérieure à ce que la nouvelle est dans le sien. Mais si l'on compare un temps à un autre ou une époque à une autre, la suivante apparaît résolument plus haute. De telles régressions apparentes sont donc nécessaires dans l'histoire de la vie.

Dans l'unité présente quelque chose se trouve lié à la nature qui ne lui était pas lié précédemment, à savoir l'essence de cet esprit pur entre tous, lequel n'agit cependant que comme désir et soif d'attirer à soi, c'est-à-dire en tant que nature (plutôt que comme une force naturelle intérieure et aveugle). Il se donne ainsi pour lui-même le commencement d'une vie supérieure.

Si nous ne pouvons nous représenter Dieu autrement que comme la plus haute liberté et la suprême pondération, il n'en reste pas moins que cet esprit qui, malgré son extrême limpidité, n'agit que comme nature, ne peut être appelé Dieu. Si lui, le B, était Dieu, l'unité tout entière se comporterait comme le Dieu devenu désormais pleinement effectif.

Mais si cette unité n'est pas Dieu, qu'est-elle donc ?

Nous avons montré que la divinité pure est, de manière indivisible, un *oui* éternel, un *non* éternel et la libre unité des deux, d'où il s'ensuivait immédiatement qu'elle ne pouvait être l'éternel *non* = B que dans la mesure où, comme telle, elle était, en même temps que fondement de soi, celui de l'éternel *oui*. Mais il en résulte aussi nécessairement l'inverse, à savoir qu'en tant que B ou éternel *non*, elle n'est divinité que pour autant qu'elle est en même temps A, c'est-à-dire qu'elle se pose elle-même comme un éternel *oui*. Il s'agit ici exactement
314 du même rapport que | celui qui, d'après la doctrine chrétienne,

existe en Dieu : puisque la première personne n'est Dieu que comme père ou en tant que père, c'est-à-dire pour autant qu'elle est en même temps le fils, inversement, la deuxième personne n'est Dieu que pour autant qu'elle est le fils, c'est-à-dire pour autant qu'elle est aussi le père.

Mais à présent, c'est-à-dire dans le moment qu'il s'agit justement de retenir, la force de négation = B n'est en aucun cas ce qui pose A. Nous savons certes, à la lumière de la compréhension auparavant acquise, que, par rapport à l'être, Dieu n'est une force de négation que pour se donner un fondement à Soi-même en tant qu'éternel amour. Mais cette force de négation ne se connaît pas elle-même et ne sait donc pas non plus sous quelles relations elle se place ; elle ne connaît pas la liberté de la décision, qui fait d'elle la seule chose active. Il fallait qu'il en fût ainsi; il fallait, pour qu'il y eût un commencement véritable, que cette vie supérieure sombrât dans l'inconscience à l'égard d'elle-même. Car de même qu'il est une loi en l'homme qui veut qu'avant toute action particulière, l'acte primordial intarissable qui le fait être proprement Lui-même sombre relativement à la conscience qui s'élève au-dessus de lui dans une insondable profondeur et devienne par là un commencement que rien ne peut supprimer, une racine de la réalité que rien ne peut atteindre, de même l'acte originaire de la vie divine anéantit dans la décision la conscience de soi-même, de sorte que ce qui était posé en lui comme fondement de la vie divine ne peut se manifester qu'au moyen d'une révélation supérieure. Ce n'est qu'ainsi qu'il peut y avoir un vrai commencement, un commencement qui ne cesse d'être commencement. La décision qui doit faire de chaque acte un commencement ne doit pas revenir à la conscience, elle ne doit pas être *rappelée* ou, comme on le dit aussi à juste titre, reprise. Qui se réserve le droit de remettre en lumière une décision ne commence jamais[1]. Voilà pourquoi le caractère est la condition fondamentale de toute moralité ; le manque de caractère est déjà en soi une absence de moralité.

Ce qui suit aussi est vrai : le commencement n'a pas le droit de se connaître lui-même, ce qui veut dire tout aussi bien qu'il n'a pas le droit de se connaître comme commencement. Au tout début, rien n'est ou ne se reconnaît simplement comme fondement ou commencement. Ce qui commence doit, pour être un vrai commencement, se voir non comme commencement, mais comme Être (comme ce qui est étant en vue de lui-même).

315 | Cette force de négation, la seule qui rende Dieu actif, ne doit donc pas être regardée comme un fondement, comme ce qui pose l'éternel *oui*. Non seulement elle ne pose pas ce *oui*, mais elle doit résolument nier le A (et, par conséquent, aussi l'unité supérieure qui est esprit), elle doit l'exclure et le refouler complètement hors du présent. Elle recèle en elle cette force de colère qui ne tolère rien et que le Dieu jaloux des Juifs laisse s'exprimer à l'égard d'autres dieux. Cette force de négation doit demeurer dans cette exclusion et cet isolement jusqu'à ce que son temps soit accompli, et s'y maintenir de toute sa force afin que la vie puisse être élevée à la plus haute gloire.

Elle refoule, avons-nous dit, la volonté de l'amour et celle de l'esprit, mais elle ne les refoule que du présent. Elle les pose comme non-*étantes*, mais en aucun cas comme *non*-étantes, elle les pose plutôt comme à venir, et en tant que telles, assurément, comme étantes (seulement à l'état latent).

1. A comparer avec un passage similaire : *Die Weltalter*, p. 184 (trad. p. 213).

Cette force de négation est donc seulement selon la possibilité, non selon l'effectivité, ce qui pose l'éternel *oui*, autrement dit elle est Dieu là aussi d'après la possibilité et non pas selon l'effectivité. L'unité tout entière n'est donc pas encore le Dieu effectif ou réalisé.

Qu'est-elle donc ? Elle est l'éternel germe de Dieu, de ce Dieu non encore effectif, qui n'est que du point de vue des forces ; elle est donc l'état de possibilité (de potentialité) dans lequel Dieu s'est lui-même volontairement posé. Or cet état doit nécessairement précéder le Dieu effectif (révélé dans l'effectivité) si l'on veut que cette révélation ou naissance de Dieu dans l'effectivité constitue un devenir, une succession, une progression par étapes.

Ainsi, dira-t-on peut-être, tant que c'est le cas, il n'existe aucun Dieu. Nullement ! Car, selon la possibilité (qu'il a de se révéler), le Dieu tout entier est déjà là. La puissance de négation maintenant active est la force (autrement dit la possibilité) de poser la puissance affirmative ; celle-ci n'est certes pas posée, pas plus que l'unité supérieure, comme étante, mais comme non-*étante* (comme future). Or, personne ne s'avisera de prétendre que ce qui existe comme possible ou selon la simple possibilité n'est de ce fait absolument pas ; le possible *est* bel et bien, mais justement à l'état de possibilité. Ici encore
| la différence que nous avons établie plus haut entre l'être- 316
non-étant et le non étant doit encore valoir mais seulement à un niveau supérieur. « Dieu n'est pas » signifie donc deux choses. Dieu est non-*existant* : ceci est accordé et affirmé. Dieu n'est pas du tout, ou il est non-existant : ceci est nié, car Dieu *est* justement par le fait qu'il n'est pas *étant*, il est seulement comme *non-étant*, il est à l'état d'enveloppement (*implicite*, *in statu involutionis*), ce qui est un passage (un moyen) de la révélation proprement dite. Cet état, ceux-là devraient le

moins le considérer comme indigne de Dieu qui, s'appuyant sur les mots de l'Écriture, attribuent à celui-ci la puissance, même dans le cours ordonné des choses, de se retirer, de cacher son visage[1], c'est-à-dire son véritable soi, et donc de revenir pour quelque temps dans un état d'involution ou d'agir dans certains cas comme simple nature, et non selon son ipséité la plus intime et selon son cœur.

Par conséquent, il ne nous paraît pour ainsi dire pas nécessaire de répéter ce qui est déjà assez clair et même expressément expliqué par tout le cours de l'histoire jusqu'à nos jours, à savoir qu'il ne s'agit pas ici de l'être essentiel de Dieu (de son être extérieur, supérieur à la nature), mais seulement de l'existence, ou, d'après notre terminologie, d'une révélation extérieure, de la divinité déjà posée comme étante par sa relation à la nature éternelle.

Dans toute cette affaire, il n'y a rien de difficile ou de risqué, même pour les plus craintifs : il leur suffit de bien se pénétrer de ces concepts et des déterminations ajoutées, et de se les rendre parfaitement clairs. Cela exige, il est vrai, une intention pure, une volonté sérieuse et une honnête application; autant de qualités, sans doute, que l'on ne peut guère s'attendre à trouver dans des temps où, d'une part, cette doctrine commode d'après laquelle on ne peut rien savoir[2], a fait perdre à la plupart l'habitude de penser de manière pénétrante, et où, d'autre part, ceux qui visent plus haut croient pouvoir, dans une question qui repose dans une certaine mesure sur des restrictions subtiles et délicates, se contenter du côté purement

1. *Ps* 13, 1 : « Jusqu'à quand, Seigneur ? M'oublieras-tu toujours ? / Jusqu'à quand me cacheras-tu ta face ? ».

2. Référence à la doctrine du non-savoir jacobienne.

matériel d'idées cueillies un peu partout, ce qui, pour une part, est la cause qui a mené à de telles monstruosités.

Plus les vues que nous avons exposées sont importantes,
plus | nous voulons essayer de les éclairer sous un autre jour. 317

Plus précisément, la question peut se poser de savoir ce que la force de négation nie à proprement parler. Incontestablement, elle ne nie que ce qui a été posé par le moment précédent, autrement dit l'indépendance de l'être, la disjonction et l'abstraction des forces. Or cette négation ne peut pas faire du libre mouvement de la nature un mouvement régressif. Il en résulte que la force attractive nie seulement ce qui, à d'autres égards, a déjà été posé. Ici encore il s'agit d'indifférence, d'indistinction, d'une indifférence efficiente, non pas libre de toute différence, mais qui nie la différence. Toutefois, ce qui est nié, c'est la scission et la liberté réciproque ; ce qui fait que ceux dont la scission est niée sont affirmés comme indistincts, et cette force, qui est la nouveauté en toute liberté, est l'affirmant du tout dans la non-liberté. Cependant, comme elle ne peut nier que ce qui existe, elle reconnaît la scission par la négation et l'affirme en niant.

On voit dès lors avec évidence que la force de négation, précisément par le fait de nier, assume l'être, que c'est justement dans le fait de nier qu'elle le pose comme sien.

Or puisque nier la scission, c'est aussi la poser à nouveau, il s'ensuit que tout ce qui, sans la négation, serait posé comme effectif ou développé (*explicite*) doit être, par la négation, posé comme enveloppé (*implicite*).

Dans le cas où la divinité assumerait l'être et où la scission subsisterait en même temps, il s'agirait là à n'en pas douter de l'existence la plus développée, la plus explicite. Un esprit parvient, en effet, à la plénitude de son existence s'il a pour sujet immédiat une âme vivante (A^3) et si celle-ci a sa réplique

dans une essence, à la fois spirituelle et corporelle, extérieure. Or, ce libre rapport n'est pas affirmé, mais nié et est, par là-même, posé de manière négative ou enveloppée. C'est pourquoi nous pouvons dire que l'unité dont il a été question plus haut est, au moins à l'état enveloppé, la première exis-
318 tence effective de Dieu. Mais | toute existence ne présuppose-t-elle pas, par cela même qu'elle est existence, une fermeture sur soi ? Y a-t-il une existence qui n'ait pas d'abord été dans un état d'enveloppement, une vie libre qui n'ait pas été délivrée d'un état nié ? Aussi peut-on affirmer qu'en plus d'être un nouveau ou un second commencement, cette unité est tout entière une nature nouvelle, une nature supérieure, différant cependant entièrement (*toto genere*) de la première par son mode d'être. Nous sommes maintenant effectivement en présence d'un Être unique, en qui la puissance d'attraction est ce qui est spirituel, tandis que ce qui est attiré et pris en soi est ce qui est corporel. Telle une soif ou un désir actif, cette puissance spirituelle pénètre toute la nature éternelle, et, une fois naturalisée[1] de cette façon, elle ne peut plus elle-même en être séparée. Les forces de la nature éternelle sont ses propres forces ; elle se sent exister en elles comme à travers ses propres instruments. Le tout constitue un être véritablement indivisible (un *Individuum*). Mais cette unité ne doit pas nous faire oublier la différence originaire dont nous sommes partis, car cette puissance de négation est en soi un esprit pur et se rapporte à chaque fois à la nature éternelle comme l'étant se

1. *Vernaturt.* A notre connaissance, ce terme ne se trouve sous la plume de Schelling que dans une autre occurrence (*Philosophische Entwürfe und Tagebücher*, Bd. 1, 1809-1813, p. 152 : « la sagesse ou le *logos* est l'éternel, grâce auquel Dieu a un fondement avec la créature ; elle est sa nature et grâce à elle, il a pu à nouveau se naturaliser dans le Christ »).

rapporte à l'être. Cet esprit, il est vrai, agit en tant que nature, car de manière inconsciente, et il ne peut de cette façon être qualifié d'intelligent au sens propre du terme; mais il n'est pas pour autant inintelligent, c'est-à-dire en tout point dénué d'entendement. C'est un esprit substantiel, un esprit devenu substance, qui n'a pas d'entendement, mais est lui-même et essentiellement entendement; non pas un entendement conscient, revenant en soi-même (réfléchi), mais un entendement aveugle, inconscient, nécessaire, en quelque sorte instinctif.

Une telle force, d'une telle indépendance et toute-puissance, cette volonté de négation contracte l'Être jusqu'alors muet dans tous ses principes et toutes ses forces. Mais il est, de ce fait, immédiatement élevé de l'unité passive à l'unité active, et, pour la première fois, toutes les forces de l'être ne sont pas seulement réunies en une seule, mais sont également actives en un seul et même Être. Posés en effet sous une seule et même puissance, les principes reçoivent nécessairement une dénomination commune (ils deviennent *équipotents*); la subordination de l'un à l'autre est supprimée; chacun est livré à sa vie propre et, à la place de la libre inclination qui dominait jusqu'alors, une unité qui lie, une unité contraignante voit le jour.

| Or, les principes ne s'accordaient mutuellement dans **319**
cette subordination que parce qu'ils étaient l'un pour l'autre comme une médication; seule cette articulation pouvait apaiser en soi-même chaque principe pour autant que l'une des forces se comportait à l'égard de l'autre comme un fondement ou un non-étant. Mais, aussitôt que les principes aussi bien que les forces obtiennent une égale efficacité, il naît entre eux tous une intolérance réciproque et une antipathie qui font qu'à peine réunis, ils tendent à se séparer de nouveau.

De même que nous avons vu chez l'homme qu'une fois qu'il est dominé par une certaine humeur, tout revêt pour ainsi dire la couleur de cet état, la douceur se renversant en amertume, la mansuétude en colère, l'amour en haine, attendu que dans la douceur se trouve une source d'amertume et dans l'amour un germe de haine, lesquels sont seulement cachés, mais se montrent nécessaires à leur maintien : de même ici, où c'est la rigueur qui est la puissance dominante, la force de négation fait sentir sa présence dans le principe qui se répand doucement (A^2), tandis que, dans le principe originaire de réclusion ($A = B$), elle s'élève de ses profondeurs cachées. En chacun, par conséquent, ce ne sont que des forces hostiles qui se rencontrent. Or l'unité, comme elle n'a plus cette opposition en dehors d'elle, mais ne fait qu'un avec elle et ne peut plus s'imposer comme l'unité libre et sereine, se sent pour ainsi dire mourir.

C'est là la première source de l'amertume qui constitue, et même doit constituer, l'essence intime de toute vie ; et cette amertume éclate aussitôt chaque fois que l'on échoue à l'apaiser, car l'amour lui-même est contraint de devenir haine. L'esprit calme et apaisé est dans l'impossibilité d'agir, étant opprimé par cette hostilité dans laquelle la nécessité de la vie transpose toutes les forces. C'est de là que vient la profonde insatisfaction qui affecte toute vie et sans laquelle il n'est pas d'effectivité ; c'est là qu'est le poison qui veut être surmonté et sans lequel la vie viendrait à s'assoupir.

Maintenant en effet que les forces, contractées en un être actif, ont éprouvé ce goût d'amertume, elles aspirent à nouveau, aussi bien dans le tout que dans le détail des principes, à sortir de cette sévère unité et à être pour soi dans leur propre
320 nature. C'est le | destin de toute vie que d'aspirer d'abord à la
limitation, et, après avoir été au large, de se retrouver à l'étroit

afin de se rendre sensible à elle-même, puis, après avoir été à l'étroit et en avoir fait l'épreuve, d'aspirer en retour à se retrouver au large et revenir à ce néant paisible où elle se trouvait auparavant. Elle ne le peut pourtant pas car il lui faudrait pour cela renoncer à la vie qu'elle a elle-même contractée : aussitôt rentrée dans le néant, elle désirerait une nouvelle fois un tel état, et, à travers cette aspiration, elle contracterait à nouveau un étant [1].

Ainsi, dans le tout comme dans le détail, cette réunion des forces opérée par l'esprit qui attire les choses à soi, affecte immédiatement la volonté qu'ont les forces de se séparer, et elles se séparent certes d'autant plus qu'elles sont toutes devenues plus actives, c'est-à-dire qu'elles se sont trouvées plus à l'étroit. La contraction suscite donc ce qui lui est directement opposé, c'est-à-dire rien de moins que cette tension ininterrompue, l'orgasme de toutes les forces [2]. Mais à peine se sont-elles à nouveau approchées de leur état de germe, à peine ont-elles senti mourir la vie commune, que s'éveille à nouveau la nostalgie et, comme elles ne peuvent se défaire de leur aspiration à devenir effectives, elles redeviennent la proie de la puissance de contraction.

Il n'y a donc ici aucune vie stable, mais bien plutôt une alternance incessante de contraction et d'expansion, et l'unité désignée plus haut (la totalité de ce moment) n'est rien de

1. *Cf.* un passage parallèle dans le tirage de 1811 (*Die Weltalter*, p. 34; trad. p. 48).

2. La *Philosophie de la mythologie* précise que le terme “orgasme” est surtout utilisé par les médecins « pour caractériser toute tension, tout *turgor*, et en particulier celui des humeurs » (SW XII, 352).

moins que la première pulsation[1], pour ainsi dire le cœur battant de la divinité, qui, dans une incessante systole et diastole[2], cherche le repos et ne le trouve pas. Il se produit alors à nouveau un mouvement involontaire, qui se répète soi-même incessamment et ne peut s'interrompre lui-même. Car chaque contraction rend à nouveau les forces actives, et cette volonté de contraction cède à leur désir d'expansion; mais cette volonté ne ressent guère la séparation et l'absence d'efficience initiale, aussi s'effraie-t-elle et, craignant de perdre l'existence, elle provoque une nouvelle contraction.

Pour la deuxième fois donc la vie se trouve engagée dans le moment du mouvement involontaire, par un mouvement supérieur et entièrement différent.

Nous comprenons alors que, dans ce moment, l'étant
321 forme avec son être | l'Être le plus contradictoire qui soit. Nous comprenons que la première existence est la contradiction même et qu'inversement, la première effectivité ne peut se maintenir que dans cette contradiction dont certains disent pourtant qu'elle ne peut jamais être effective. Toute vie doit passer par le feu de la contradiction; la contradiction est le rouage qui met la vie en mouvement, elle est ce que la vie a de plus intime. De là vient, comme dit un vieux livre, que tout ce qui se fait sous le soleil donne tant de peine et se consume en

1. Cf. *Erster Entwurf eines Systems der Naturphilosophie* (1799), Friedrich Wilhelm Joseph Schelling, *Historisch-kritische Ausgabe*, WG. Jacobs u. P. Ziche (hrsg), Stuttgart, Frommann-Holzboog, 2001, Bd. I, 7, p. 195.

2. *Cf.* un passage parallèle dans le tirage de 1811 (*Die Weltalter*, p. 35; trad. p. 49) : « dans le conflit entre les deux volontés antagonistes, la volonté existante perd sa liberté propre : première pulsation, elle devient pour ainsi dire le cœur battant de la divinité qui, dans l'incessante alternance de la systole et de la diastole, cherche un repos qu'il ne trouve pas ».

travail, sans jamais lasser pourtant ; de là vient aussi que toutes les forces luttent les unes contre les autres incessamment[1]. S'il n'y avait que l'unité, si tout était en paix, il n'y aurait rien à même d'émouvoir; tout sombrerait dans l'ennui, alors que, dans l'état présent, chaque chose s'efforce de sortir de l'agitation pour parvenir à la quiétude.

La contradiction telle que nous la concevons ici est la source jaillissante de la vie éternelle; construire une telle contradiction est la tâche suprême de la science. Reprocher au philosophe de faire commencer la science par une contradiction revient à dire au poète tragique, après avoir entendu l'introduction de son œuvre, qu'après un pareil commencement, on ne peut déboucher que sur une fin terrible, sur des actions cruelles et des événements sanglants. C'était précisément l'intention du poète de dépasser cela.

Nous-mêmes, nous ne tremblons pas devant la contradiction et cherchons bien plutôt, pour autant que nous en sommes capables, à la comprendre exactement, jusque dans ses détails.

C'est grâce à la puissance attractive que le tout ou le système de forces qui constitue la nature initiale (A = B) tient ensemble. Une telle chose ne peut être décrite en tant que telle, puisque, dans ce rassemblement, elle devient quelque chose de contradictoire, qui ne peut demeurer en repos un instant. Car même les deux forces opposées dans la nature initiale sont parvenues à une similitude quant au nom du fait de la puissance de spiritualisation. La force qui devait servir de paisible fondement pour que l'Être (A) puisse émerger est une force qui s'élève de ses profondeurs et intensifie le non-étant (B)

1. *Qo* 1, 3. Cf. *Die Weltalter*, p. 124 (trad. p. 148).

jusqu'à l'étant. Il ne s'agit donc pas que ce qui tient ensemble
322 ressente la similitude et le conflit des forces, | car, dans ce rapport, les forces ne peuvent mutuellement se supporter. Mais, puisqu'elles sont maintenues ensemble par la force de la puissance attractive, laquelle élève sans cesse la force de négation depuis les profondeurs, tandis que l'Être affirmatif (A) cherche à se la subordonner et à la reposer dans la potentialité, demeure la simple tendance (*nisus*) à vouloir séparer, tendance qui fait naître un mouvement rotatoire. Mais la force d'attraction ne cesse pas d'agir; et il arrive enfin, à mesure que les forces se spiritualisent davantage, qu'au plus haut degré d'aversion, elles ne parviennent plus à se séparer complètement ni à rester ensemble. Quelque chose d'intermédiaire surgit alors et la matière, comme déchirée en soi-même par sa propre furie, éclate en différents points centraux indépendants, qui, encore maintenus et poussés par des forces antagonistes, se meuvent eux-mêmes autour de leur axe propre*.

Ce serait peine perdue que de vouloir expliquer la multiplicité dans la nature en partant de la paisible ésemplasie[1] des différentes forces. Tout ce qui devient n'en ressent qu'insatisfaction et, de même que l'angoisse est le sentiment fonda-

* Le tout, B, parce qu'il ne fait qu'un avec l'être, se déchire lui-même, de la façon dont on dit avec mauvaise humeur: je me déchirerais moi-même en pièces (en marge du manuscrit).

1. *Ineinsbildung*. Ce terme est un des plus typiquement schellingiens. Issu de la philosophie de la nature et de la théorie de l'organisme qui la supporte (SW II, 68 pour une première occurrence), il désigne en premier lieu le mode d'action de l'imagination en tant qu'elle unifie l'universel et le particulier. Dans les *Œuvres métaphysiques*, J.-Fr. Courtine et E. Martineau traduisent ce terme par « uniformation » (SW VII, 141).

mental de toute créature vivante, tout ce qui vit ne naît et n'est reçu que dans un violent conflit. Qui pourrait croire que c'est dans le calme et dans la paix, et non dans la plus violente aversion des forces, que la nature a pu créer tant de merveilleux produits en cette terrible confusion externe et ce mélange chaotique intérieur où l'on a peine à trouver quelque chose existant pour soi, mais où tout est pénétré et traversé de part en part par autre chose ? La plupart des produits de la nature inorganique ne sont-ils pas de toute évidence enfants de l'angoisse, de la frayeur et même du désespoir ?* Nous voyons ainsi, dans cet unique cas où il nous est permis, dans une certaine mesure, d'être les témoins d'une création originelle, que la première assise de l'homme à venir consiste en luttes mortelles, en une
terrible insatisfaction et | en une angoisse confinant souvent au 323
désespoir. Et, pour ce qui se produit dans les individus et à petite échelle, devrait-il en être autrement à un niveau plus large, au moment où émergent les premiers éléments du système du monde ?

Il est flagrant que, dans toute la nature, chaque vie propre et particulière commence par la rotation autour de son axe propre, et donc manifestement par un état d'aversion

* Comparez avec la *Philosophie de la mythologie*, SW XII, 582. [Note de l'éditeur. Cf. *Philosophie de la mythologie*, SW XII, 582 : « toute qualité de la nature n'a de signification que dans la mesure où elle est elle-même originellement sensation. Les qualités des choses ne peuvent être interprétées mécaniquement, du dehors, mais seulement à partir d'impressions originelles que reçoit, dans la création, l'essence même de la nature. Qui peut imaginer que le souffre, l'odeur fétide des gaz et des métaux volatils, ou bien l'inexplicable amertume de la mer, ne soient que la conséquence d'un mélange chimique, accidentel ? Ces substances ne sont-elles pas manifestement les enfants de la frayeur, de l'angoisse, de la morosité, du désespoir ? »]

intérieure. Dans le plus grand comme dans le plus petit, dans la ronde des planètes comme dans les mouvements partiellement rotatoires de ce monde, que seul peut connaître l'œil équipé et que Linné appelle d'un terme suggestif «chaos du règne animal»[1], c'est partout comme circuit qu'apparaît la première forme de la vie propre et séparée, comme si tout ce qui s'enferme en soi et s'isole du tout devenait, pour cette raison même, immédiatement la proie d'un conflit intérieur. Ce que cette observation met au moins en lumière, c'est que les forces qui animent ce mouvement circulaire comptent parmi les puissances les plus anciennes, celles qui étaient actives dès la première création. Ce ne sont donc pas, comme le veut l'opinion en vigueur de nos jours, des forces qui seraient venues s'ajouter du dehors et par accident à ce qui était déjà devenu.

Maintenant, pour autant que l'existence de pareils touts individuels en rotation repose sur le soulèvement et la spiritualisation de la force de négation, en tant donc qu'ils sont d'une certaine manière les œuvres d'une véritable force d'élévation ou de création qui les transpose du non-étant dans l'étant, ils faut les regarder comme les premières créatures.

Que, dans ces totalités, cette spiritualisation de la force de négation vienne à faiblir et les voilà qui sombrent immédiatement à nouveau dans l'être universel. Cette spiritualisation constitue donc pour elles une forme d'élévation à la séité et cette force spiritualisée se fait dorénavant la racine de leur

1. En réalité, Linné parle d'un *Regnum chaoticum* dans la douzième édition de son *Systema Naturae* (Caroli a Linné, *Systema naturae per regna tria naturae*, Stockholm, L. Salvii, 1767, t. I, part. 2, p. 1326: *Chaos. Corpus liberum, uniforme, redivivum*) pour désigner un troisième règne de créatures que lui découvrait son microscope. *Cf.* un passage parallèle dans le tirage de 1811 (*Die Weltalter*, p. 38; trad. p. 53).

être-en-propre, en tant qu'elles ont leur propre fondement (leur propre B ou principe de séité) indépendamment du fondement universel de la nature.

Or, même à présent qu'elles se sont intensifiées jusqu'à posséder la séité (l'être-en-soi), ces totalités sont encore retenues par la force d'attraction. Mais, précisément parce qu'elles sont maintenant pourvues d'un soi[1] et qu'elles ont en elles-mêmes le point sur lequel elles reposent (leur centre de gravité), elles cherchent, en raison même de cette ipséité, à se soustraire à la pression de la force d'attraction, et, en s'éloignant de ce point central dans toutes les directions, de lui
échapper elles-mêmes. | C'est donc ici que le *turgor* le plus 324
intense s'empare du tout, pour autant que chaque être singulier cherche à se détacher du centre universel et à occuper une position excentrique par rapport à son propre centre de gravité ou de repos.

On a déjà remarqué qu'au moment de cette première séparation des forces originaires, chacune étant retombée dans l'être par rapport à ce qui est supérieur, tout passait de l'état non figuré à l'état figuré[2]. Il y eut alors pour la première fois un haut et un bas; mais cette explicitation des forces ne donna lieu qu'à une disjonction spirituelle (à un *expansum*), privée cependant de force, qui n'exprimait que la pure et simple absence d'une force de cohésion effective (réelle), génératrice de relations. *L'espace* apparaît pour la première fois quand la force restrictive intervient pour rendre *effectifs* le lieu et la place qui, en vertu de sa nature, reviennent à chaque puissance, mais seulement comme *possibilité*. L'étendue (l'*extensio*)

1. *Selbstisch. Cf.* par exemple *Le monothéisme*, SW XII, 51.
2. *Cf.* plus haut SW VIII, 253.

présuppose déjà la force qui pose l'espace et trouve sa meilleure illustration dans ce phénomène que nous appelons turgescence lorsqu'il concerne les membres d'un être organique.

Selon la représentation qui a cours aujourd'hui, l'espace est un vide indifférent qui se déverse indéfiniment de tous côtés et dans lequel les choses particulières se trouvent simplement contenues. Mais la véritable essence de l'espace ou, pour le dire plus exactement, la force qui pose à proprement parler l'espace est la force originaire et universelle de contraction du tout. Si cette force n'existait pas ou si elle pouvait cesser d'agir, il n'y aurait ni lieu ni espace. C'est pourquoi l'espace ne peut pas être indifférent, mais il peut seulement être organique dans le tout aussi bien que dans le singulier. Qui pourrait affirmer cette indifférence interne de l'espace et prétendre qu'un point y serait comme un autre ou qu'il n'y aurait ni un véritable haut ni un véritable bas, ni droite ni gauche, ni avant ni arrière, doit n'avoir jamais tenu compte du miracle que cette force ordonnatrice et localisatrice produit dans l'organique. Il ne voit pas que la place qu'occupe chaque partie essentielle a quelque chose de nécessaire. Chaque membre du tout ne peut occuper qu'une seule place et pas une autre et, dans la suite hiérarchique des Êtres organiques, chaque partie change de lieu en fonction de la signification et de la dignité qu'elle gagne ou perd dans la créature supérieure. Serait-il possible qu'une telle force n'existe que dans les corps organiques individuels et pas dans le grand tout? Non, c'est impossible! L'espace n'est pas indifférent; il y a un vrai haut et un vrai bas,
325 un ciel | qui se trouve véritablement au-dessus de la terre, un monde des esprits qui est au-dessus de la nature, au sens propre du mot, toutes ces représentations donnant, à nos yeux comme à ceux de nos pères, une valeur plus grande à l'univers qu'à une extension indifférente sans perfection comme but dernier,

sans conclusion véritable, ni terme significatif. C'est que partout l'absence de clôture est synonyme d'inachèvement, tandis que le fait d'être close sur soi est pour toute œuvre l'accomplissement véritable. De telles représentations sont tombées dans l'oubli non, comme on pourrait le penser, du fait de la doctrine du grand Copernic [1], mais en raison seulement de l'absence d'esprit du système de la gravitation des époques ultérieures.

Cette force divine qui reprend en soi le tout embrasse non seulement la nature, mais aussi le monde des esprits et l'âme qui se tient au-dessus de l'un et de l'autre. Elles reçoivent par conséquent une relation spatiale par cette mise en rapport, l'antique croyance en un lieu servant de séjour aux esprits acquérant à nouveau une signification et une vérité.

La finalité de tout ce développement est que tout devienne, autant que possible, figuré et reçoive une forme corporelle visible; la corporéité est, comme le disaient les anciens, le but des voies divines (*finis viarum Dei* [2]), Dieu lui-même voulant se manifester dans l'espace ou dans un lieu aussi bien que dans le temps.

De la clôture sur soi, de la finitude vers l'extérieur* qui caractérisent non seulement la nature visible mais aussi

* Mais pas, de ce fait, la finitude dans *l'espace*. Car l'espace est précisément l'expansion advenant de l'intérieur, de la force de renfermement (note marginale).

1. Selon la *Darlegung des wahren Verhältnisses der Naturphilosophie zu der verbesserten Fichteschen Lehre*, Copernic, aurait par ses découvertes, remis en accord raison et entendement (SW VII, 42).

2. Pour cette expression, *cf.* FC. Oetinger, *Biblisches und Emblematisches Wörterbuch* (1776), G. Schäfer (hrsg), Berlin, de Gruyter, 1999, p. 223: « *Leiblichkeit ist das Ende der Werke Gottes* » [SB 768, p. 193].

l'univers, s'ensuit déjà que c'est sous l'effet d'une force qui le contracte de l'extérieur vers l'intérieur que cet univers est devenu spatial. Cette force, en tant qu'elle embrasse et inclut en elle le tout, est donc en même temps celle qui pose proprement des buts et des limites, comme il est dit dans le passage cité plus haut (*Proverbes*, 8, 27) : « quand il traça un cercle à la surface de l'abîme » ; de même, l'expression « le ciel et la terre sont l'expansion des forces divines » ne renvoie pas uniquement à la force d'attraction inhérente à la nature, mais également à la force de négation qui assure la cohésion du tout. Mais l'Éternel ne peut être fini qu'à l'égard de Lui-même.
326 Lui seul peut | saisir et circonscrire l'être qui lui est propre ; il en résulte que la finitude du monde eu égard à l'extérieur implique une infinité complète eu égard à l'intérieur.

L'univers étendu dans l'espace n'est tout entier rien d'autre que le cœur palpitant de la divinité, maintenu par des forces invisibles dans une pulsation continue ou une alternance d'extension et de contraction.

Le soulèvement[1] du non-étant a pour effet en un premier temps la création des choses individuelles, lesquelles, du fait de l'éveil de la séité en elles, aspirent nécessairement à se soustraire à la force attractive et à se détacher du centre universel. Voilà d'où vient le *turgor*, l'effort pour s'écarter du centre dans toutes les directions, qui est d'autant plus violent que le principe de la séité s'embrase dans les choses. Mais à mesure que les choses individuelles échappent à la force d'attraction, elles sentent disparaître le principe de la séité qui s'était éveillé en elles, de même que leur propre vie qui ne reposait que sur la constante sollicitation (l'appel à l'existence) de ce principe.

1. *Erhebung*. *Cf.* plus haut en SW VIII, 240.

Elles deviennent de nouveau la proie de la force de négation, elles s'exposent encore une fois à la rigueur de la force attractive; mais, à chaque attraction, elles s'enflamment en vue d'une séité toujours plus élevée. Car la force obscure en elles peut être portée, précisément parce qu'elle est une force (*Intensum*), à des degrés de tension de toujours plus élevés.

Ce processus doit ainsi avancer jusqu'au point où les forces de l'être commencent à faire équilibre à l'étant. Une intensification constante doit finalement produire une équipollence de ce qui attire et de ce qui est attiré. Ce sont là le but et la fin du processus. Dieu lui-même doit ressentir toute la profondeur et les terribles forces de son propre être. Il est même dialectiquement évident que ce en quoi la divinité pure elle-même agit seulement comme nature est équivalent à la nature éternelle. Voilà le moment où, à en croire Platon, on peut se représenter Dieu comme étant en lutte contre une matière ou une nature sauvages et indomptées[1]. Mais le Dieu dont on parle ainsi n'est que le Dieu possible ou le Dieu comme simple nature, non le Dieu effectif.

De ce point de vue, le but d'un tel processus consiste donc
| en un mouvement alternant (*motus aeternus*), en une éternelle 327
inspiration et expiration, en une systole et diastole qui, de même que le premier moment de toute vie naturelle, doivent aussi constituer le commencement de la vie spirituelle. Car si, au moment présent, ce qui est en soi naturel est devenu pour la première fois nature, à l'inverse, le même moment est pour la nature éternelle le premier échelon de cette vie spirituelle à laquelle ladite nature doit s'élever. C'est donc ici que se trouve, pour ainsi dire à nu et découvert, le cœur de la nature,

1. Cf. *Timée* 48a-51a.

de même que, dans la vie animale, cet organe (qui, dans sa formation la plus élevée, a seulement ce carré = ◇ pour forme fondamentale, carré qui exprime aussi la figure originelle de chacun des astres) est d'abord visible au dehors, avant d'être de plus en plus ramené vers l'intérieur, jusqu'à se trouver recouvert aux étapes suivantes de sa formation, de même que dans toute la série animale ce cœur subit progressivement un déplacement depuis la droite, vers le milieu d'abord, avant de se trouver finalement posé tout à gauche, c'est-à-dire comme passé. Dans la vie animale, ce mouvement archaïque est encore conservé dans le sang, cette matière sauvage et indomptée qui se disperse en globules et avec laquelle l'esprit et la volonté meilleure luttent eux-mêmes trop souvent (il a paru probable à plusieurs explorateurs de la nature que, dans sa progression, chaque globule se meut en même temps autour de son axe) La nature qui aspire au repos semble ne rien chercher avec autant de zèle qu'à échapper à ce nécessaire mouvement alternant qui naît d'une intolérance réciproque de principes reliés l'un à l'autre : ce but, elle ne l'atteint que par la merveille de l'articulation, merveille d'une indicible sublimité, et par la séparation des forces antagonistes dans le système des muscles extenseurs et fléchisseurs, qui, telles des baguettes de sourcier suivant la volonté[1], conservent toujours un des côtés du

1. Allusion à la malheureuse affaire avec Campetti. Baader avait présenté à Schelling ce fameux sourcier italien, qui se révéla être, comme il se doit, un imposteur. *Cf.* dans les *Aufsätze und Recensionen aus der Jenaer und Erlanger Literaturzeitung und dem Morgenblatt* la *Notiz von den neuen Versuchen über die Eigenschaften der Erz – und Wasserfühler und die damit zusammenhängenden Erscheinungen*, notamment en SW VII, 490 et 494 pour l'usage des baguettes de sourcier. *Cf.* un passage similaire dans le tirage de 1811 (*Die Weltalter*, p. 39 ; trad. p. 53).

mouvement rotatoire, ceux-là seulement au-dehors, ceux-ci en dedans.

Dans cette perpétuelle alternance de sorties et de retours à soi, d'expansions et de contractions, la matière se trouve de plus en plus préparée à devenir le type extérieur de l'esprit immanent, qui, incapable de produire l'unité complète (la négation de toute multiplicité), cherche du moins à affirmer l'unité dans cette multiplicité, à produire un système, | à opérer **328**
architectoniquement. Dès sa première apparition, l'édifice du monde laisse transparaître en toute clarté la présence d'une puissance spirituelle interne. Mais non moins évidente est la participation et l'influence conjointe d'un principe dénué de raison (irrationnel), qui n'a pu qu'être circonscrit, et non pas dompté. C'est pourquoi l'on aurait peine à sonder les lois organiques sur lesquelles repose l'édifice du monde en se servant de rapports aussi simples que ceux dont on a usé jusqu'ici. Et, en tous les cas, ce n'est pas à partir de simples concepts, mais seulement à partir de l'effectivité elle-même, que de telles lois se laissent développer.

Mais, dans le moment présent, une configuration durable est quelque chose d'absolument impossible. A mesure, en effet, que le tout est porté à son plus haut degré de déploiement, l'orgasme des forces s'accroît dans tous les membres, de sorte que la puissance attractive elle-même commence à trembler pour son existence et se met à craindre que le chaos qui est déjà présent dans les individus n'envahisse le Tout.

Car, avec le soulèvement du principe de la séité hors du repos et de la potentialité qui lui étaient assignés, les propriétés passives de la matière se trouvent elles aussi peu à peu supprimées. Ces propriétés reposaient justement, comme nous l'avons montré, sur l'atténuation et la répression de cette force qui, une fois mise en activité (activée) ou spiritualisée, se transforme en un feu dévorant. De même qu'un membre organique devient temporairement inflammé quand ce qui devait n'être qu'un feu dormant[1] entre en activité, de même qu'on voit jaillir la flamme de toute matière violemment comprimée, de même que le feu électrique dans l'éclair résulte uniquement, à n'en pas douter, d'une forte pression, de même que les matières compressibles (gaz), qui, ensemble, sont capables de faire naître une flamme, prend feu sous l'effet d'une simple compression, que la plus légère pression appelle le feu électrique et qu'il n'y a guère lieu de douter que toute matière, si elle était soumise au degré de compression requis, serait à même de s'évanouir dans le feu : de même, dans l'état primordial, avec l'intensification de l'orgasme, la matière doit de plus en plus passer à l'état de dissolution ignée.

Les explorateurs de la nature ont toujours cru qu'ils devaient présupposer un état de dissolution à la base de leurs explications de la formation progressive de la terre, voire de
329 toute la nature visible. Mais de nos jours, | où toutes les comparaisons et autres images sont empruntées à la chimie, on se contente de la représentation d'une dissolution liquide, semblable à celle des métaux en acides. Ce serait comme si le liquide était partout quelque chose d'ultime, auquel on pourrait s'arrêter, comme s'il était un état absolu qui ne requerrait pas davantage d'explication. Nous croyons cependant être en mesure de prouver par une autre voie que le plus ancien état de la matière (et des astres en particulier) est un état de disso-

1. *Ruhendes Feuer*. Possible référence à Oetinger (*Öffentliches Denkmal der Lehrtafel einer weil. Wirttembergischen Prinzessin Antonia in Kupfer gestochen*, Tübingen, Bauhof und Franck, 1763, p. 243 : « le sel est un *ignis potentialis*, un feu dormant sans inflammation, qui peut être activé par un feu sacré divin » [SB 793, p. 199]).

lution électrique. Car c'est dans l'électricité qu'apparaît effectivement le double feu qui constitue proprement l'intériorité de toute matière : le feu rayonnant (+E) et le feu négatif, celui qui attire à soi et sert de fondement à l'autre (–E). Car si ce fut une erreur que de chercher le fondement de cette électricité dans un simple manque, il n'est pas moins erroné d'admettre conformément à la manière de voir actuelle, que l'on appelle dualiste, deux électricités également positives, seulement opposées l'une à l'autre. L'une d'elles est effectivement une nature négative, attractive, sans être pour autant absolument rien (une simple privation), pas plus que la force fondamentale d'attraction dans la nature n'est un simple manque. Les expériences déjà mentionnées de conduction faites avec la pile électrique et auxquelles la grande masse des naturalistes a trop peu prêté attention, nous apportent la preuve décisive que la matière est susceptible d'une spiritualisation électrique et d'une dissolution, ce qui la rend non seulement réfractaire aux affinités chimiques naturelles, mais lui fait perdre aussi toutes les autres propriétés corporelles.

C'est dans cet état de dissolution ignée électrique que se trouvent aujourd'hui encore ces membres énigmatiques du système planétaire que sont les comètes, ces astres dont j'ai dit naguère qu'ils étaient en devenir[1], mais dont je dirais volontiers maintenant qu'ils sont des corps non encore réconciliés, témoins pour ainsi dire vivants de ce temps primitif. Rien n'empêche en effet que le temps antérieur se prolonge en phénomènes isolés à travers le temps suivant, ou qu'à l'inverse le temps suivant ait émergé plus tôt dans certaines parties

1. Cf. *Ideen zu einer Philosophie der Natur*, SW II, 103 : « *werdende Weltkörper* ».

de l'univers que dans d'autres. Ces comètes, le sentiment humain les a toujours considérées avec crainte, comme les signes avant-coureurs d'un retour du temps passé, de la destruction universelle et d'une nouvelle dissolution des choses en chaos. En eux, manifestement, le centre de gravité
330 particulier (la vie propre) | n'est pas encore réconcilié avec
celui du tout. Nous en avons la preuve dans les directions et les positions déviées que présentent leurs trajectoires par rapport à celles des planètes au repos, trajectoires qui, bien qu'en aucun cas, elles n'avancent et ne reculent, comme le présumait Kepler, en ligne droite[1] et malgré leur courbe si peu prononcée, sont à ce point excentriques que leurs mouvements peuvent valoir comme de pures et simples systole et diastole. Mais ces mêmes comètes, quand elles se rapprochent puis s'éloignent à nouveau du soleil, présentent des modifications et des alternances si prononcées qu'on ne peut absolument les expliquer que comme des alternances d'expansions et de contractions. On a observé jusqu'à présent sur toutes les comètes de quelque importance que, lors de leur rapprochement du soleil, au moment donc de la plus grande ardeur de toutes les forces, les contours du noyau, du côté tourné vers le soleil, s'estompent peu à peu et finissent par disparaître entièrement, tandis que ce qu'on appelle le halo de vapeurs se gonfle et la traînée lumineuse s'allonge dans la même proportion. Dans le remarquable astre chevelu de l'année 1769, après son éloignement du soleil (en novembre de cette année), le halo était devenu plus transparent et le noyau plus nettement

1. Dans son *De Cometis libelli tres* (Augsburg, Mylii, 1619), Kepler faisait en effet se mouvoir les comètes selon une trajectoire rectiligne car il pensait qu'elles ne revenaient plus.

visible. Mais le tout avait tellement changé d'aspect qu'un des observateurs* a pu se référer à ce propos à ces vers de Virgile relatifs à Hector :

> *... quantum mutatus ab illo!*
> *Squalentem barbam et concretos sanguine crines,*
> *Vulneraque illa gerens, quae circum plurima solem*
> *Accepit...* (*Aen. II, 274 sq.*)[1].

Cet amenuisement, cette diminution au moment du retour depuis le soleil ne peuvent être que l'effet de la diastole qui recommence déjà et du rapprochement de l'état de matérialité. Depuis que j'ai écrit cela pour la première fois (année 1811), les observations beaucoup plus exactes menées sur une comète découverte dans le ciel à cette époque sont devenues célèbres. Parmi les nombreuses caractéristiques remarquables qu'elle possédait, elle avait une double queue, une plus grande lumi-
nosité à son côté nord (inspiré), mais surtout | une rapidité terri- 331
fiante à se transformer. Cette rapidité contraignait presque à conclure que la comète se trouvait aussi dans une alternance de contraction et d'expansion au moment où elle s'approchait du soleil. Dans le bref laps de temps d'une seconde, la lumière pouvait subir dans le champ visuel de son découvreur une

* *Cf.* les *Contributions* de Lambert, Troisième partie, p. 234, 207. [Note du traducteur. *Cf.* J.H. Lambert, *Beiträge zum Gebrauche der Mathematik und deren Anwendung*, Berlin, Verlag der Buchhandlung der Realschule, 1772, Bd. III, p. 207 pour la citation et p. 234 pour des remarques plus générales sur les comètes].

1. *Cf.* Virgile, *Énéide*, trad. fr. J. Perret, Paris, Les Belles Lettres, 1992, p. 48-49. Énée revoit en songe la profanation de la dépouille d'Hector : « combien il était changé ! La barbe hérissée, les cheveux collés par le sang, portant ces meurtrissures affreuses qui lui furent infligées si nombreuses autour des murs ». Ici « murs (*muros*) » a été changé en « soleil (*solem*) ».

extension de deux degrés et demi, ce qui devait correspondre, pour la véritable extension, à un million de milles géographiques, phénomène que l'excellent observateur Schröter se voit obligé d'expliquer par l'action d'une force originaire terrifiante semblable à la force électrique ou galvanique [1].

Avec l'exposition qui précède, nous avons atteint ce qui doit toujours être notre intention principale au cours de cette tentative de détermination précise des temps d'après lesquels et dans lesquels toute chose vient progressivement à être. Nous avons reconnu qu'au regard de la nature, ce temps primordial fut, à proprement parler, celui de la création des astres en tant que tels. Mais celui qui a jamais aperçu ce tout inconcevable avec les sens appropriés, n'a-t-il pas toujours senti que ces forces grandes et terribles qui ont, au premier chef, donné naissance à ce tout et continuent à le maintenir en existence, dépassent, et de beaucoup, toutes les forces des temps ultérieurs ? C'est une force bien plus clémente, la volonté d'un temps plus doux qui a engendré les plantes et les animaux. On peut dire qu'ils sont des œuvres de la nature, tant que l'on entend par là la sagesse artistique qui habite le tout lui-même.

1. Johann Hieronymus Schröter (1745-1816) se fait d'abord connaître par ses descriptions de la surface de la Lune et de Mars, puis étudie systématiquement Vénus, Jupiter et Saturne (Schelling se réfère à ces travaux en SW II, 104 et IV, 487 et 506). En 1811, paraissent ses *Beobachtungen des großen Cometen von* 1807 (Göttingen, Vandenhoek und Ruprecht). En plus d'avoir observé, lors des passages des comètes de 1807 et 1811, un grand nombre de phénomènes (queues en éventail, changements d'apparence), Schröter mesura que la plus grande longueur apparente de la double queue de la comète de 1807 était de 18 degrés, soit un peu plus de la moitié de ce que l'on estimait être la distance moyenne de la terre au soleil. Il en conclut à l'existence autour du soleil d'une matière subtile, distribuée de manière irrégulière et susceptible de devenir lumineuse sous l'influence conjointe du soleil et de la comète.

Mais les étoiles dépassent de beaucoup toutes les forces de la nature formatrice. Elles sont les œuvres de *Dieu.* Prises en elles-mêmes (sans les temps ultérieurs), elles sont l'œuvre de la colère, de la force du Père, la plus ancienne de toutes.

Au commencement Dieu créa le ciel et la terre. C'est avec ces mots simples que le plus ancien livre du monde s'exprime sur ce temps, qu'il clôt et distingue par là nettement du suivant. Aussi mal interprétés que ces mots aient fréquemment pu l'être, voire intentionnellement méconnus, ils sont inestimables pour celui qui comprend. "Au commencement" ne peut rien signifier d'autre qu'"au premier temps", au temps le plus ancien. Et les mots qui suivent montrent que cette époque doit être nettement distinguée de celle qui suit : « *Et la terre était* – certes pas avant la création, mais précisément pendant la
création | ou après la création – *déserte et vide* ». Il est évident 332
qu'en parlant de terre déserte et vide, ce récit veut désigner quelque chose qui existait entre la création qui s'est produite *au commencement* et celle qui suit.

Mais comment séparer ce temps du suivant avec les termes utilisés ? Pourquoi, si la création, que ces mots indiquent plus qu'ils ne la décrivent, ne faisait qu'une avec celle qui la suit, pourquoi est-il dit ici : *Elohim* (l'étant, qui était Elohim ou le tout des forces) *créa* (*bara*) ? Pourquoi n'y a-t-il pas ici immédiatement, comme toujours par la suite : « au commencement, Elohim dit : que le ciel et la terre soient » ? Ou pourquoi pas, comme dans le verset 16 : « Dieu *fit* deux grands luminaires, le soleil et la lune », qu'après tout il n'avait plus besoin de faire si le "créer" du premier verset était déjà un "*faire*" ? Soit toute exégèse est trompeuse, soit cette production au commencement, que l'on dit être une création, est autre que celle qui vient plus tard, qui consiste en un dire. Ce seul mot justement employé au commencement est la preuve décisive que le livre saint a voulu séparer de la suivante la toute première création, comme quelque chose qui subsiste pour soi (comme la création d'un temps propre) et dont il clôt l'histoire par ces quelques mots, ceux qui suivent ne faisant référence qu'au premier résultat d'une telle création.

La peine que se sont donnée les auteurs plus récents pour diminuer la force du mot *bara* là où c'était possible, jusqu'à en faire une simple *élaboration* (l'un d'eux eut besoin, pour l'expliquer, du verbe *exasciare*) est quelque chose d'incompréhensible. L'étymologie de ce mot est elle-même obscurcie par une explication aussi légère. Nous ne voulons certes exclure aucune des comparaisons possibles : ni avec *bar*, "fils", ni même avec le vieil-allemand *bären* (*gebären*), ni avec le mot grec βαρέω ou avec le latin *parare* et *parere*. Pas davantage nous ne rejetons le sens d'*extérieur*, *lointain*, *étranger*, qui est attribué au mot *bar* et à ses termes dérivés dans la plupart des langues orientales. Dans le dernier rapprochement, le verbe *bara* signifie généralement "agir hors de soi" ou "agir avec son être même" (inconsciemment). Mais le lien commun de toutes ces diverses significations se trouve
333 peut-être si l'on cherche, | compte tenu de l'équivalence originelle et de la constante confusion des verbes terminés en *a* et en *ah*, le sens fondamental de *bara* dans *barah*, dont dérive le mot *berith*. De même que les mots allemands *Bund*, lien et *Bündniss*, alliance, proviennent de *binden*, lier, et le mot latin *contractus*, contraction, de *contrahere*, contracter, de même le mot hébreu *berith* provient de *barah*, qui, par conséquent, signifierait également *contracter*, *attirer* (et aussi *consumer*,

manger; voir 2 *Samuel* 12, 17[1]). Tout rapport extérieur de Dieu avec l'homme, voire avec la nature entière, est une alliance (*berith* : *Gn* 9, 12[2]); l'alternance naturelle des jours et des nuits est une alliance de Jéhovah avec le jour et la nuit (*Jérémie* 33, 20[3]); le rapport du père à son fils (*bar*) est une alliance; et la Nouvelle Alliance (ἡ καινὴ διαθήκη) équivaut à une nouvelle création (καινὴ κτίσις).

Mais, à celui qui veut pleinement reconnaître la force de ce mot, il suffit de lire le passage suivant : « c'est moi, Jéhovah, qui *forme* la lumière et *crée* les ténèbres, qui *fais* le Bien et *crée* le Mal » (le mot *bore* apparaît les deux fois[4]). En soi, personne se s'aviserait d'affirmer que Dieu a librement et consciemment créé les ténèbres et le mal; mais, puisque les autres mots qui désignent une production consciente se trouvent en opposition manifeste avec celui de création (*bara*), ce dernier mot ne peut désigner qu'un acte de créer non libre, inconscient, c'est-à-dire quelque chose qui, comme la production d'une substance, n'exige nul entendement, mais seulement force et puissance (cela prouve cependant que la création du verset 1 n'était pas une création tout à fait achevée). Pour clarifier cette pensée, qu'on se rappelle l'antique distinction : Dieu est cause du substantiel (du matériel), mais non pas du

1. 2 *Sam.* 12,17 : « les anciens de sa maison insistèrent pour le relever, mais il ne prit avec eux aucune nourriture ». Pour un autre rapprochement entre *Bund* et *Berith*, cf. *Sur les divinités de Samothrace*, SW VIII, 422.

2. *Gn* 9, 12 : « Dieu dit : voici le signe de l'alliance que je mets entre moi, vous et tout être vivant avec vous, pour toutes les générations futures ».

3. *Jr* 33, 20 : « si vous rompez mon alliance avec le jour, et mon alliance avec la nuit, en sorte que le jour et la nuit n'arrivent plus au moment voulu, alors mon alliance avec mon serviteur David sera également rompue ».

4. *Is* 45,7.

formel du péché[1]. Que ce mot signifie ici aussi le plus bas degré de la création, c'est ce qui ressort d'un autre passage (*Is.* 43, 7), où entre *créer, former, faire* est incontestablement établie une suite hiérarchique avec les mêmes mots[2].

Si donc le concept d'une première création non libre et en
334 même temps | chaotique ne s'accorde pas avec les représentations en vigueur, elle n'en trouve pas moins sa confirmation dans la signification du mot *bara* et des mots qui le suivent dans l'Écriture, car la terre (à laquelle le récit renvoie après les premiers mots) « devint déserte et désolée »[3]. C'est de cette manière que Luther traduit; mais dans ces mots de la langue fondamentale, qui, suivant leur origine, traduisent tous deux, sous un même rapport, une expression d'étonnement et de surprise, je me demande s'il ne faut pas voir une allusion aux états opposés que nous observons encore dans les comètes, puisqu'une énorme expansion[4] est tout autant un objet d'étonnement qu'un affaissement ou une disparition subits de cette expansion.

Si tout, dans cet exposé, ne devait pas être parfaitement intelligible à tous, que l'on considère la situation décrite ici

1. Cf. *Recherches philosophiques sur l'essence de la liberté humaine*, SW VII, 369 : « puisque Leibniz ne peut déduire le mal que de Dieu, il se voit contraint de faire de Dieu la cause de l'élément matériel du péché, en n'attribuant à la limitation originelle de la créature que son aspect formel ».

2. *Is* 43,7 : « tous ceux qui s'appellent de mon nom, / Et que j'ai créés pour ma gloire, / Que j'ai formés et que j'ai faits ». *Cf.* dans la traduction de Luther : « *Bringe meine Söhne von ferneher und meine Töchter von der Welt Ende, alle, die mit meinem Namen genannt sind, die ich geschaffen habe zu meiner Herrlichkeit und zubereitet und gemacht* ».

3. *Gn.* 1, 2.

4. Allusion aux estimations de Schröter selon lesquelles la queue de la grande comète de 1811 couvrait plusieurs millions de milles géographiques.

comme un état passé, complètement différente de la situation présente, que l'on a involontairement placée au fondement de l'observation, alors que cette situation passée n'est pas rendue compréhensible par la situation présente, mais se trouve plutôt à son fondement.

Il faudrait peut-être aussi décrire les processus qui se déroulent dans le monde des esprits, même s'il paraît plus louable de reconnaître les limites des forces humaines. Contentons-nous de remarquer que le déroulement de ces processus peut en général être le même que dans la nature, avec cette différence toutefois que la force de négation est extérieure à la nature alors qu'elle est intérieure à l'être spirituel. Aussi peut-on dire que, dans la nature, la force de négation est élevée et tournée vers l'intérieur tandis que, dans le monde des esprits, elle est tirée vers l'extérieur et abaissée. De même que la nature se trouve spiritualisée dans l'attraction, le principe du monde des esprits se corporalise. Ce qui dans la nature est contraction est expansion dans le monde des esprits, et inversement. Ici encore, sous l'effet de cette continuelle attraction, le principe de la séité dans les esprits qui se détachent en tourbillons du conflit des forces enflammées serait à ce point intensifié que ces esprits finiraient par faire équilibre à la puissance attractive ; ici encore, le processus consisterait en un mouvement alternant de systoles et de diastoles, car la force de cohésion n'est plus capable de venir à bout des forces de l'être une fois celles-ci réveillées et elle se trouve | alternative- 335
ment vaincue et victorieuse. Pour ce qui concerne le monde des esprits, ce temps est celui de la première création, encore chaotique et demeurant toujours au commencement, des esprits primitifs, lesquels sont en lui ce que les astres sont dans la nature.

Mais il est temps maintenant de regarder vers l'étant proprement dit, dont l'intérieur ne doit pas moins pâtir et être déchiré de contradiction que l'extérieur, de même que l'intérieur d'un être compatit aussi aux mouvements violents et déréglés que lui impose sa nature organique.

Bornons-nous à noter pour l'instant que l'étant proprement dit est précisément cet esprit qui tire les choses à et en soi et s'empare de l'être tout entier. Ce qui, par conséquent, constituait l'étant suprême de la nature éternelle (A^3) est, pour cet esprit, le lien qui le rattache à ce qui est subordonné. Les deux ne font donc qu'un dans le processus actuel, et cette âme universelle ne doit être regardée que comme le sujet immédiat (ou, pour nous servir du langage qui nous est maintenant habituel, comme le côté objectif de cet esprit).

La douleur est quelque chose de nécessaire et d'universel en toute vie, elle est l'inévitable point de passage vers la liberté. Qu'on se rappelle les douleurs qui accompagnent le développement de la vie humaine, tant sur le plan physique que moral. Nous n'hésiterons pas à présenter l'être primitif lui-même (la première possibilité d'un Dieu se révélant au-dehors) dans un état de souffrance pareil à celui qui accompagne le développement. La douleur est quelque chose d'universel, aussi bien pour ce qui concerne l'homme que le créateur. Elle est le chemin de gloire. Dieu ne conduit pas la nature humaine par une autre voie que celle par laquelle il a dû lui-même passer[1]. Participer à tout ce qui est aveugle, obscur et souffrant dans la nature de Dieu est nécessaire pour l'élever à la plus haute conscience. Tout être doit apprendre à connaître

1. *Cf.* le passage parallèle dans le tirage de 1811 (*Die Weltalter*, p. 40; trad. p. 55).

sa propre profondeur, ce qui est impossible sans souffrances. Toute souffrance vient de l'être, et puisque tout ce qui est vivant doit premièrement s'enfermer dans l'être avant de s'arracher à ses ténèbres et se transfigurer, l'essence divine en soi doit elle aussi, en se révélant, tout d'abord prendre nature et pâtir par là-même, avant de pouvoir célébrer le triomphe de sa libération.

| Cependant, pour se représenter tout cela aussi naturel- 336
lement que possible, il faut également distinguer ici plusieurs moments. La puissance efficiente ne s'extériorise pas d'emblée avec toute sa force, mais comme une discrète attraction, semblable à celle qui précède le réveil d'un profond sommeil. Avec une violence croissante, les forces qui reposent dans l'être sont incitées à agir sourdement, aveuglément, et des naissances puissantes, mais dénuées de forme puisque la paisible unité de l'esprit reste étrangère à cet agir, se produisent; sorti de l'état d'intimité ou de clairvoyance et n'étant plus ravi par des visions bienheureuses et prémonitoires, l'être qui est pris dans ce conflit est absorbé comme en des rêves accablants surgis du passé, autrement dit de l'être; dès que le conflit s'envenime, ces créatures de la nuit font irruption, telles de sauvages fantasmagories, dans son intériorité, dans lesquelles il éprouve tout ce que son être propre a de terrifiant. La sensation dominante, celle qui correspond à la lutte des directions dans l'être, puisqu'il ne sait de quel côté se tourner, c'est l'angoisse. Pendant ce temps, l'orgasme des forces s'accroît toujours et fait craindre à la force de contraction une séparation complète, une dissolution totale. Mais tandis qu'elle donne sa vie librement et se reconnaît pour ainsi dire comme appartenant déjà au passé, la forme supérieure de son essence et la calme limpidité de l'esprit lui apparaissent pour ainsi dire en un éclair. Or cette limpidité représente, par

opposition à l'aveugle volonté contractante, une unité essentielle, dans laquelle résident liberté, entendement et différenciation. La volonté à l'état de contraction aimerait donc saisir l'éclair de la liberté et se l'approprier, afin de devenir ainsi une volonté librement créatrice et consciente, qui échapperait à la contrariété et surmonterait le conflit des forces, comme elle aimerait communiquer à ses créations cette unité essentielle qui est entendement, esprit et beauté. Mais la volonté aveugle ne peut appréhender cette paisible liberté qui est pour elle, au contraire, un esprit insaisissable et surpuissant, et elle s'effraie par conséquent à chacune de ses apparitions [1] : elle sent bien en effet qu'elle est sa véritable essence et qu'en dépit de sa douceur, cette liberté la dépasse en force, elle et sa rigueur. A la vue de cet esprit, elle se sent comme étourdie et cherche aveuglément à s'emparer de lui ou à l'imiter intimement dans
337 ce qu'elle produit, comme si | elle pouvait jamais le retenir. Mais l'entendement avec lequel elle agit n'est pour ainsi dire qu'un entendement étranger, dont elle n'est même pas maîtresse, quelque chose d'intermédiaire entre la pleine nuit de la conscience et l'esprit pondéré.

C'est de ces illuminations de l'esprit que provient tout ce qui, par exemple dans l'édifice du monde, est intelligible et ordonné, et en vertu de quoi l'univers apparaît effectivement comme le type extérieur d'un esprit immanent. La force fondamentale qui préside à toute création primordiale ou originaire *doit* être une force inconsciente et nécessaire, aucune personnalité n'imprimant ici véritablement sa marque. De la même manière, on reconnaît dans les œuvres humaines une force

1. *Cf.* le passage parallèle dans le tirage de 1811 (*Die Weltalter*, p. 41 ; trad. p. 56).

d'effectivité d'autant plus haute qu'elles naissent de manière plus impersonnelle. Quand une inspiration se manifeste dans une œuvre, poétique ou non, il faut aussi qu'en elle, une force aveugle se fasse jour, car seule une force aveugle est capable d'inspiration. Toute création consciente présuppose un créer inconscient, dont elle n'est que le déploiement et l'explicitation.

Ce n'est certes pas sans raison que les anciens ont parlé d'une folie divine et sacrée. Car nous voyons même la nature, déjà engagée dans un libre déploiement, devenir pour ainsi dire toujours plus chancelante, à mesure qu'elle approche de l'esprit. Toutes les choses naturelles se trouvent à n'en pas douter dans un état où la réflexion fait défaut; mais, pour ce qui est des créatures qui apparaissent au moment où la séparation et l'unification, la conscience et l'inconscience livrent leur ultime combat, et qui sont, de toutes les créations de la nature, celles qui précèdent le plus immédiatement l'homme, nous les voyons divaguer dans un état pareil à l'ivresse*[1]. Ce n'est pas sans raison si le char de Dionysos est tiré par des tigres et des panthères, car c'est à ce sauvage vertige d'enthousiasme que succombe la nature à la vue de l'être que célébrait, chez

* Cf. *Philosophie de la mythologie*, p. 427. [Note de l'éditeur. *Philosophie de la mythologie*, SW XII, 427 : « dans la nature, les bêtes féroces, que nous pourrions nommer les animaux éminemment volontaires, précèdent immédiatement l'homme (...). Si toutes choses se trouvent généralement, au sein de la nature, dans un état d'inconscience, nous voyons cette très haute classe d'animaux divaguer (*dahinwandeln*) comme dans l'état de démence permanent où la nature non-spirituelle tombe dès sa première vision de la nature spirituelle ».]

1. *Cf.* le passage parallèle dans le tirage de 1811 (*Die Weltalter*, p. 42; trad. p. 57).

des peuples riches de pressentiment, le culte archaïque de la nature, dans l'enivrement des fêtes et des orgies bachiques. Cet auto-déchirement intérieur que la nature s'inflige à elle-même, cette roue de la génération primitive tournant sur soi à une vitesse folle, ainsi que les forces redoutables et efficientes de ce mouvement circulaire, trouvent à s'exprimer dans d'autres rites du culte archaïque des dieux plus effrayants encore, telles ces furieuses lacérations, ces auto-émascula-
338 tions (que ce soit sous | la pression intolérable qu'exerce la force ou du fait de sa perte en tant que puissance d'engendrer), ce cortège où l'on traîne les membres déchiquetés d'un dieu lacéré, ces danses insensées et furieuses et l'impressionnante procession de la mère de tous les dieux traînée sur un char aux roues d'airain, dans le tumulte d'une musique sauvage, assourdissante et déchirante. Car rien n'est plus proche de cette folie intime que la musique, qui, en écartant constamment de leur centre puis en attirant à nouveau les sons, reproduit à la perfection le mouvement originaire et prend elle-même la forme d'une roue tournoyante, émergeant d'un point unique et revenant à chaque fois, au prix de toutes sortes d'excès, à son commencement.

Que cette folie d'auto-lacération constitue encore aujourd'hui le fond le plus intime de toutes choses, est la meilleure confirmation qui soit de ce que nous venons de décrire; dominée et comme adoucie par la lumière d'un entendement supérieur, elle est la force proprement dite de la nature et de toutes ses productions[1]. On dit même couramment depuis Aristote que rien de grand ne se produit sans une touche

1. *Cf.* le passage parallèle dans le tirage de 1811 (*Die Weltalter*, p. 43; trad. p. 58).

supplémentaire de folie[1]. Au lieu de cela, nous préférerions dire : sans cette constante sollicitation à la folie, qu'il s'agit de surmonter, mais qui ne doit jamais manquer entièrement. De ce point de vue, on pourrait répartir les hommes comme suit. Il en est certains, pourrait-on dire, qui n'ont absolument aucune folie. Ce sont les esprits incapables de créer et privés de la force d'engendrer, qui se disent sobres ou se prétendent hommes d'entendement[2], et dont les actes et les œuvres ne sont que les froids produits de l'entendement. Étrangement, il s'est trouvé quelques philosophes pour comprendre à tort cette expression : ayant entendu dire que les hommes d'entendement seraient pour ainsi dire de moindre valeur ou inférieurs et ne voulant pas l'être eux-mêmes, ils ont tout naturellement opposé la raison à l'entendement au lieu de l'opposer à la folie. Mais là où il n'y a pas de folie, il ne peut y avoir un entendement droit, efficient et vivant (mais seulement l'entendement mort, et des hommes à l'entendement morts) ; car comment l'entendement se manifesterait-il, autrement qu'en domptant, maîtrisant et régulant la folie ? C'est pourquoi
l'absence totale de | folie conduit à un autre extrême, à l'imbé- 339
cillité (*Idiotismus*), laquelle est l'absolue privation de toute folie[3]. Mais il existe deux autres types de personne en qui il y a

1. *Cf.* Sénèque, *De la tranquillité de l'âme*, XVII, 10 (*Dialogues*, t. IV, trad. R. Waltz, Paris, Les Belles Lettres, 1944, p. 106), qui renvoie sans précision à Aristote, *Problèmes* XXX, 1.

2. Cf. *Sur l'essence de la science allemande*, SW VIII, 14.

3. Cf. *Philosophie de la révélation*, SW XIII, 299-300 : « là où aucune folie n'est réglée, maîtrisée, il n'y a pas non plus d'entendement fort et vigoureux, car la vigueur de l'entendement se montre précisément, comme nous venons de le dire, dans le pouvoir qu'il a sur son contraire. D'où il résulte en même temps que l'imbécillité naît de l'exclusion totale de ce principe dont la maîtrise est l'entendement et que par conséquent l'imbécillité n'est que l'autre versant de la

effectivement folie. Le premier la maîtrise et, lorsqu'il la terrasse ainsi, l'entendement apparaît dans sa plus grande force ; dans l'autre, c'est la folie qui domine et nous sommes en présence de fous véritables. On ne peut pas dire à strictement parler que la folie trouve son origine en ces hommes, elle surgit plutôt comme quelque chose qui était toujours là (car, sans une constante sollicitation de la folie, il n'y aurait pas de conscience) et qui seulement cette fois n'est pas dominé et maîtrisé par une force supérieure.

En décrivant cet état originel, nous n'avions en vue que le destin universel d'une nature qui se développe à partir de ses propres forces, entièrement pour elle-même. Car si l'homme secourt l'homme, si Dieu même vient à sa rescousse, rien, en revanche, ne peut venir en aide à la nature primordiale dans son effrayante solitude : il ne peut compter que sur ses propres forces pour affronter cet état[1].

Telle serait la description, atténuée il est vrai, de cet état originel de l'unitotalité : grâce à elle, ceux qui ont tant parlé dernièrement du panthéisme peuvent voir ce qu'il est véritablement[2]. Car la plupart de ceux qui parlent de l'Un et du

folie, qui naît *ex defectu* comme celle-ci naît *per excessum.* Mais le principe qui fait défaut à l'imbécillité et se trouve entièrement maîtrisé dans l'entendement est le même dans les deux cas. A l'imbécile manque le matériau de départ susceptible de lui donner une occupation, par la régulation duquel l'entendement pourrait se montrer actif ».

1. *Cf.* le passage parallèle dans le tirage de 1811 (*Die Weltalter*, p. 43 ; trad. p. 58).

2. *Neuerlich.* Référence à Jacobi. La première édition des *Lettres à Moses Mendelssohn sur la doctrine de Spinoza*, dans lesquelles Jacobi s'interrogeait sur le spinozisme de Lessing et l'essence du panthéisme, avait paru en 1785 (Friedrich Heinrich Jacobi, *Werke. Gesamtausgabe*, K. Hammacher u. W. Jaeschke (hrsg), Hamburg, Meiner u. Frommann-Holzboog, Bd. 1, *Schriften zum Spinozastreit*, p. 1-270). Plus de vingt-cinq ans après, en 1811,

Tout, ne voient en lui que le Tout ; qu'il y ait un Un, un sujet, ils ne s'en sont pas encore aperçu. Or, par le Tout, ils comprennent la totalité dépourvue de soi, pareille à la nature primordiale. Sont aussi de cette espèce ceux qui depuis si longtemps accablent les gens sensés avec l'affirmation réitérée de l'harmonie et de la merveilleuse unité de l'univers. Le vrai panthéisme aurait certes de quoi effrayer les uns et les autres ; mais s'ils étaient capables de percer la surface des choses, ils verraient que c'est justement l'effrayant qui est la véritable étoffe fondamentale de l'existence et de la vie.

Mais d'autres découvrent l'authentique archétype du panthéisme dans la doctrine de Spinoza. Celui-ci mérite certes d'être pris au sérieux ; loin de nous l'intention de lui dénier ce qui en fit notre maître et précurseur. En lui seul peut-être de
tous les modernes vivait | un sentiment obscur de ce temps **340**
originel dont nous avons essayé ici de donner le concept.

Spinoza connaît ce puissant équilibre des forces originaires, qu'il oppose l'une à l'autre comme étendue (et donc originairement en état de contraction ?) et comme pensée (et qui serait donc, du fait de l'opposition, en état de s'étendre et de se répandre ?)[1]. Il ne connaît cependant que l'équilibre, non le combat qui naît de l'équipollence ; les deux forces demeurent dans l'inactivité l'une à côté de l'autre, sans se stimuler ni s'intensifier mutuellement. C'est ainsi que la dualité s'évanouit en faveur de l'unité. C'est pourquoi sa substance ou l'essence commune aux deux forces persévère

Jacobi avait à nouveau lancé une accusation de panthéisme, contre Schelling cette fois, dans les *Choses divines et leur révélation* (*Schriften zum Streit um die göttlichen Dinge und ihre Offenbarung*, *op. cit.*).

1. *Cf.* le passage parallèle dans le tirage de 1811 (*Die Weltalter*, p. 45 ; trad. p. 61).

dans une éternelle, immobile et inactive égalité. L'unité, de son côté, est elle-même un être pur, qui ne se transfigure jamais en étant ou ne se manifeste jamais de manière efficiente (*in actu*). Aussi, en raison de l'opposition qu'il admet, Spinoza peut seulement être considéré comme un réaliste, encore qu'il le soit en un sens supérieur à ce qu'on dit de Leibniz lorsqu'on le désigne comme un idéaliste[1]. Au lieu de prendre pour objet principal le vivant combat de l'unité et de la dualité des deux prétendus attributs et de la substance, il ne s'occupe que des deux termes opposés, en les prenant certes chacun pour soi, mais sans dire un mot de leur unité entendue comme un lien vivant et efficient. D'où le manque de vie et de progression dans son système.

Or, ceux qui ont cru pouvoir comparer l'unité dont nous affirmons la réalité avec celle de Spinoza ont-ils seulement tenu compte du concept des puissances, qui contient déjà pour soi celui de progression, de mouvement ?

Que l'on songe cependant à tous les partis en lesquels la philosophie s'est divisée, avant et après Spinoza, que l'on se rappelle à quel point tous les concepts se sont mis à diverger, et l'on ne pourra manquer de reconnaître en lui l'unique héritier de la vraie science des temps modernes. Il n'y a dès lors pas lieu de s'étonner si tout nouveau mouvement de quelque ampleur doit d'abord faire retour à lui pour mieux en repartir.

Après que Descartes, l'initiateur de la philosophie moderne, eut déchiré le monde en corps et en esprit, et que
341 l'unité se fut par conséquent perdue sous la dualité, | après que
Spinoza les eut à son tour fondues en une unique substance

1. *Cf.* cependant les *Recherches philosophiques sur l'essence de la liberté humaine*, SW VII, 350.

morte et qu'il eut par conséquent perdu la dualité sous l'unité, la philosophie se vit contrainte, pour replacer l'unité et la dualité elles-mêmes dans une opposition vivante et les porter ainsi à nouveau à l'unité, de s'enfoncer de plus en plus, à chaque pas, dans l'unilatéralité, jusqu'à ce qu'elle aboutisse de nos jours, dans les deux directions divergentes, à ce qui ne se prêtait plus à aucune découpe supplémentaire [1].

Leibniz était anti-dualiste en un tout autre sens que Spinoza. Il fut le premier qui entreprit d'extirper complètement l'être et de tout transformer en représentation, jusqu'à réduire Dieu à n'être que la force représentative suprême de l'univers. Il avait bien une unité, mais une unité unilatérale, incapable d'embrasser les deux côtés des choses. Il conservait néanmoins, sous l'exposant de l'idéal, le seul qui restait encore, tout le contenu des systèmes antérieurs, dans la mesure où, tout en niant l'existence effective des corps en tant que tels, il ne les maintenait pas moins comme des forces de représentation indépendantes de notre savoir et de notre pensée.

En histoire de la philosophie, on peut regarder comme équivalents cette première apparition de l'idéalisme qu'a été l'intellectualisme leibnizien et le réveil à peu près contemporain de l'hylozoïsme sous l'action notamment de Giordano Bruno : comme Leibniz, lui aussi ne conserva de la dualité de

1. *Cf.* la lettre à Georgii du 18 février 1810, *Aus Schellings Leben*, *op. cit.*, Bd. II, p. 198 : « depuis Descartes qui est le père de la philosophie européenne moderne, on a parcouru toutes les déterminations unilatérales possibles, jusqu'aux plus extrêmes et aux plus tranchées – dans l'idéalisme de Fichte et le mécanisme des Français –, de sorte qu'à un esprit sans prévention qui chercherait à replacer la philosophie sur ses bases, il ne resterait plus que le tout unificateur ».

Spinoza qu'un seul terme, à savoir toutefois le côté opposé[1]. Dans la mesure cependant où il considérait la matière comme douée en soi de vie, il comprenait encore tout au moins sous ou en cet être quelque chose de spirituel.

Mais l'esprit de l'époque nouvelle ne pouvait demeurer indéfiniment dans la direction qu'il avait empruntée, car il lui fallait pousser la décomposition plus à fond. Dans cet être, dans cette matière que l'hylozoïsme avait seule laissée subsister, il y avait encore quelque chose de spirituel, une vie intérieure. Il restait à en faire quelque chose d'absolument mort, une pure extériorité dépourvue d'intériorité, une simple accumulation de parties distinctes les unes des autres, non par quoi que ce soit d'intérieur, mais par la simple figure; et c'est d'une pareille matière qu'il fallait faire dériver toute la nature vivante, la pensée, la mécanique des concepts humains dans son ensemble, les sentiments et les actions. C'est dans cette
342 doctrine que | le peuple qui l'a agencée a déposé ce qui l'exprime de la manière la plus exacte et la plus parlante[2].

Une autre direction restait ouverte : retirer à l'idéal que l'intellectualisme avait laissé seul subsister jusqu'au réel compris sous lui. Pour Leibniz, matière et corps étaient autant de forces représentatives, certes confuses, mais aussi vivantes et indépendantes. Pourquoi une telle profusion cependant si

1. Cf. *Conférences de Stuttgart*, SW VII, 444 : « la matière est seulement *éveillée* à la vie explicite, à proprement parler vivifiée par l'idéal, par le divin. Par conséquent l'hylozoïsme commence en un sens là où finit ma philosophie (influence bénéfique du leibnizianisme et de l'hylozoïsme sur la physique. Bruno, Kepler, entre autres) ».

2. Il s'agit du peuple français. *Cf.* SW VII, 445 : « ce n'était pas seulement la nature qui devait être expliquée, mais aussi l'être-là, le mécanisme de l'esprit. – *Système de la nature*, le matérialisme français, le matérialisme le plus bas ».

tout n'est simplement que force représentative ? Pourquoi ne pas nous contenter de la seule force représentative dont nous ayons une certitude immédiate, à savoir celle de l'homme ? Quand l'idéalisme allemand eut atteint avec Fichte sa plus haute intensification[1], sa pensée fondamentale, celle du Moi, autrement dit d'une unité vivante de l'être et de l'étant, a pu éveiller l'espoir d'un spinozisme plus élevé et rendu à la vie. Mais que cela ne s'accordait pas avec l'esprit du temps ne devint que trop vite manifeste et le peuple même en entendit l'écho : seul l'homme ou le genre humain était censé exister, en tant précisément que force de représentation.

Tel cependant qu'il est apparu chez nous, cet idéalisme n'est que le dévoilement d'un secret : il a montré quelle direction dominait toujours davantage, et depuis bien plus longtemps déjà, dans les autres sciences, les arts et la vie publique. A quoi tendaient en effet les efforts de toute la théologie moderne sinon à idéaliser peu à peu le christianisme, à le vider de sa réalité ? De même que, dans la vie et dans l'opinion publique, caractère, habilité et force importent toujours moins, alors que ne vaut plus qu'une prétendue humanité à laquelle pourtant ces qualités doivent servir de base, de même le seul Dieu auquel se dévouait notre époque était celui dont le concept était dépouillé de tout ce qui donne force et puissance[2]. Un Dieu dont la plus grande force et la plus haute expression vitale consistent dans la pensée et le savoir, hors

1. *Steigerung*. Des termes schellingiens typiques, c'est sans doute celui qui reçut le plus grand nombre de traductions (accroissement, renforcement, élévation, élévation à la puissance, progression). Nous suivons le choix du GDR *Schellingiana*.

2. *Cf.* le passage parallèle dans le tirage de 1811 (*Die Weltalter*, p. 51-52 ; trad. p. 68).

desquels tout le reste n'est encore que pure schématisation de soi-même, un monde qui n'est à nouveau qu'une image, voire l'image d'une image, un néant du néant, une ombre d'une ombre, des hommes qui ne sont une fois encore que des images, seulement des rêves d'ombres, un peuple qui, dans son désir bien intentionné d'acquérir de prétendues lumières, est réellement parvenu à résoudre tout ce qui se trouve en soi en pures pensées, mais a perdu, en même temps que l'obscurité,
343 toutes ses forces et ce | principe barbare (employons toujours ici le mot qui convient), qui, surmonté, mais non point anéanti, constitue l'assise de toute grandeur et de toute beauté, sont, pour autant que nous les apercevons ensemble, des phénomènes nécessairement simultanés,

Qu'il est bon de connaître, un principe qui, nonobstant la mobilité et l'agilité de la pensée, ne peut se décomposer dans le flux du concept le plus corrosif, ni se volatiliser dans le feu de la pensée la plus spirituelle ! Sans ce principe qui résiste à la pensée, le monde se serait déjà effectivement décomposé en néant. Seul ce centre indépassable le préserve des tempêtes de l'esprit qui jamais ne repose : il est même la force éternelle de Dieu. Dans la première existence[1], doit nécessairement se trouver un principe de résistance à la révélation, car seul un tel principe peut se faire le fondement de la révélation. Si c'est bien d'une force que résulte la révélation, ne faut-il pas qu'il y ait également une force qui agisse à son encontre? Sinon d'où viendrait la liberté[2]? Il y a dans la première

1. On lisait dans le tirage de 1811 : « *in dem ersten Existirenden* » (*Die Weltalter*, p. 106 ; trad. p. 128).

2. On lisait en 1811 : « une indifférence absolument inactive est-elle pensable ? » (*Die Weltalter*, p. 52 ; trad. p. 69). On note à quel point Schelling est réticent à employer le vocabulaire de 1801 et, peut-être, à se donner tort.

existence[1] un principe irrationnel, qui résiste à toute explicitation, hostile, donc, à la créature, et qui est en Dieu la force proprement dite. De même, au moment le plus grave de la tragédie, ce sont Force et Pouvoir, serviteur de Zeus, qui enchaînent Prométhée, l'ami des hommes, à un rocher battu par les flots[2]. Reconnaître ce principe est aussi nécessaire que reconnaître la personnalité, l'être-en-soi et pour-soi de Dieu[3]. Or cette personnalité est bien définie, dans la langue de l'ancienne philosophie, comme l'acte dernier ou la puissance dernière qui donne à l'être intelligent d'une existence incommunicable. Tel est le principe qui, au lieu de les mêler, comme on n'a pas manqué de le dire, fait éternellement le départ entre Dieu et la créature. Tout peut se communiquer à la créature, à une exception près : avoir en soi le fondement immortel de la vie, être de et par soi-même.

On ne saurait affirmer qu'un pareil principe de la nature divine est en soi indigne, car c'est grâce à lui que Dieu est Lui-Même en tant que Lui-Même, qu'il est l'Unique, coupé de tout le reste. L'idée qu'un tel principe, en tant que force efficiente de la nature divine, est un principe indigne, contient une présupposition erronée. En tant qu'efficient, il précède en effet le Dieu existant; dans le Dieu qui est, il est surmonté; mais si jamais il devenait | actif, il faudrait d'abord établir si c'est 344
conformément à la volonté divine.

1. On lisait en 1811 : « dans la première effectivité (*in dem ersten Wirklichen*) ». Schelling corrige ici en « *Daseyn* » (*Die Weltalter*, p. 52; trad. p. 69).

2. Eschyle, *Prométhée enchaîné*, trad. P. Mazon, Paris, Les Belles Lettres, 1953, v. 12, p. 160.

3. On note l'ajout, par rapport au tirage de 1811, de l'expression « *das in-sich und für-sich-Seyn Gottes* ».

Comme conception venue de la plus haute antiquité, le réalisme a indiscutablement la primauté par rapport à l'idéalisme. Celui qui ne reconnaît pas la priorité du réalisme veut le développement sans enveloppement préalable ; il veut la fleur et le fruit qui en provient sans la dure écorce qui l'enferme. Tout comme l'*être* est la force et la puissance de l'Éternel même, le réalisme est la force et la puissance de tout système philosophique, et, de ce point de vue, on est en droit de dire que la *crainte* de Dieu est le commencement de la sagesse [1].

Chacun admet que la force de contraction est le commencement véritablement efficient de toute chose. Ce n'est pas de ce qui se déploie facilement, mais de ce qui est fermé sur soi et ne se résout qu'avec résistance au déploiement que l'on peut attendre la plus grande majesté du développement. Beaucoup se refusent cependant à reconnaître cette force archaïque et sacrée de l'être [2] et ils voudraient la bannir dès même le commencement, avant que, surmontée en soi-même, elle ne cède à l'amour.

Ce qui vaut du réalisme vaut aussi du panthéisme. De même que le réalisme a sur toutes les autres conceptions le privilège de l'âge, une priorité revient sans conteste au

1. *Ps* 111, 10. Cf. *Monument de l'écrit sur les Choses divines*, SW VIII, 65 : « car comment pourrait-on *craindre* Dieu s'il n'a en lui aucune force et comment pourrait-il lui-même, avec toute sa sagesse et sa bonté, subsister sans force car la force est justement ce qui subsiste et inversement tout ce qui subsiste est une force ? Là où il n'y a *pas de* force, il n'y a pas non plus de caractère, pas d'individualité, aucune vraie personnalité, mais une vaine dispersion, comme nous le confirment chaque jour les hommes sans caractère ». *Cf.* Kant, *Critique de la faculté de juger*, § 28 : « l'homme vertueux craint Dieu sans en avoir peur » (trad. J.R. Ladmiral ..., *Œuvres philosophiques*, « Bibliothèque de la Pléiade », Paris, Gallimard, 1985, p. 1030).

2. Même expression dans *Die Weltalter*, p. 51 (trad. p. 67).

panthéisme sur son opposé, idéalisme ou dualisme. Nous pouvons bien dire qu'il est, dans la révélation divine même, le système le plus précoce et le plus ancien. Mais ce système panthéiste du temps primitif, cet état primitif d'unitotalité et d'universelle fermeture sur soi est précisément ce qui se trouve de plus en plus refoulé et posé comme passé par le temps qui suit.

INDEX DES CITATIONS BIBLIQUES

Tous les numéros de pages de ce premier index renvoient à l'édition allemande

INDEX DES NOMS

INDEX ANALYTIQUE DES MATIÈRES

GLOSSAIRE

Absonderung : séparation
Abgezogenheit : abstraction
Abgrund : abîme
All-Einheit : unitotalité
Anfänglich : primordial
Aufheben : supprimer
Ausbildung : formation
Ausbreiten : se répandre
Auseinandersetzung : explicitation, dissociation
Außereinander : disjonction
Ausquellen : s'épancher

Band : lien
Begeistung : spiritualisation
Beschauung : contemplation
Beschlossenheit : clôture sur soi
Besonnenheit : pondération
Bestand : consistance
Bestehen : subsister

Doppelheit : dualité

Eifer : ardeur
Einerleiheit : unité indifférenciée
Entfaltung : déploiement
Entwicklung : développement
Erhebung : soulèvement
Erscheinung : apparition
Erzeugen : engendrer

Fortschreiten : progrès
Freiwilligkeit : volonté libre

Ganze : ensemble
Gegenbild : réplique
Gegensatz : opposition
Geheimnis : mystère
Geschiedenheit : scission
Gestalt : figure
Gewalt : pouvoir
Gottheit : divinité
Grundlage : assise
Grundsatz : principe

Hergang : déroulement
Herrlichkeit : gloire
Hervortreten : surgissement

Innere : sphère intérieure

Lauterkeit : limpidité
Lebendigkeit : vitalité
Leiblichkeit : corporéité
Leichfertigkeit : agilité

Lösen : résoudre

Macht : puissance
Mittelpunkt : centre, milieu

Satz : proposition
Scheidung : séparation
Scheinbild : simulacre
Sehnsucht : nostalgie
Selbst : ipséité
Selbstheit : séité
Spannung : tension
Stärke : force
Steigerung : intensification
Stoffe : étoffe
Stufe : niveau, stade
Stufenfolge : suite hiérarchique
Sucht : soif

Tat : acte
Tätigkeit : activité
Trieb : pulsion

Überwinden : surmonter
Umtrieb : circuit
Unbezwinglich : incoercible
Unergreiflich : insondable
Ungeschiedenheit : indistinction
Unmuth : insatisfaction, mauvaise humeur
Unterlage : soubassement
Urbild : archétype

Verbinden : relier
Verbindung : liaison
Verhältnis : rapport
Verlangen : aspiration
Verleiblichen : se corporaliser
Verschlossenheit : fermeture sur soi
Verstand : entendement
Vorbild : modèle
Verschließung : Réclusion.
Vorstellkraft : force représentative

Wechsel : alternance
Weltall : univers
Weltkörper : corps célestes
Wendepunkt : point de basculement
Werkzeug : organe
Wesen : essence, Être
Widerstreit : conflit
Widerwärtigkeit : contrariété
Wirken : agir
Wirkend : actif
Wirkung : action
Wirkungslos : inerte

Zauber : sortilège
Zurückziehung : rétraction
Zusammengehörigkeit : solidarité
Zusammenhang : connexion
Zusammensein : réunion
Zusammenziehung : contraction, resserrement
Zweiheit : dualité

TABLE DES MATIÈRES

ACHEVÉ D'IMPRIMER
EN DÉCEMBRE 2012
PAR L'IMPRIMERIE
DE LA MANUTENTION
À MAYENNE
FRANCE
N° 2038116Z

Dépôt légal : 4e trimestre 2012